同济大学中央高校基本科研业务费专项基金资助

魏晋南北朝简牍文字研究

A Study of Bamboo Slips in Wei, Jin, Southern and Northern Dynasties

郑婕 著

同济大学出版社
TONGJI UNIVERSITY PRESS

目 录 | Contents

绪　论

第 1 节 魏晋南北朝简牍材料概述

在纸张普遍使用之前，简牍不仅是我国使用时间最长，而且也是使用范围最广的书写材料。简牍文献的内容以文书类、著作类为主，涉及诸多方面。从国家层面的法律条文、官吏文书、史料、儒家经典、诸家著作、军事、医学、数学、自然科学等著作，到民间使用的历谱、田租赋税、商贩契约、杂事记载，甚至儿童习字、书信来往、通行关卡凭证等皆靠简牍，真可谓无所不记。上自帝王将相、豪门贵族，下至庶民百姓，无不使用简牍。

我国汉时就已经出现了纸，并逐渐推广使用，但简牍却没有因此被迅即淘汰，而是与纸共存了数百年。《太平御览 · 桓玄伪事》载桓玄令曰："古无纸，故用简，非主于敬也。今诸用简者，皆以黄纸代之。"[1] 可知在 4 世纪末的东晋中期，人们仍在使用简牍，经统治者颁令后才废止。

阮元《南北书派论》说："书法迁变，流派混淆，非溯其源，曷返于古？盖由隶字变为正书、行草，其转移皆在汉末、魏晋之间。"[2] 魏晋南北朝时期上承汉末隶书的成熟阶段并进而达到了隶书的顶峰，下启在隶书蜕变中产生的楷书、行书、草书字体，是今文字系统形成的关键时期，也是书写载体由简牍向纸质过渡的交替时期。魏晋南北朝时期是简牍被大量使用的最后一段时期。

20 世纪以来，国内各地陆续发掘出土了大量的魏晋时期简牍。下面按照出土先后顺序编排，概述简牍出土的时间、地点、形制、内容、学术价值及较早发表的书籍、杂志名称等。

---

1 转引自马怡，《简牍与简牍时代》，《中国社会科学院院报》，2006 年 11 月 2 日，第三版

2 华东师范大学古籍整理研究室选编，《历代书法文论选》，上海：上海书画出版社，1979 年，第 629 页

（一）1900 年，瑞典人斯文·赫定在楼兰遗址发掘出木简及残纸。1903 年，斯文·赫定在伦敦发表了《中亚与西藏》一文，首先报道了他在罗布泊沙漠考察楼兰遗址的情况。1904~1907 年他的正式考察报告以《1889—1920 年中亚考察的科学成果》为题陆续发表。斯文·赫定在中国所获简牍曾委托德国人卡尔·希姆莱研究，后因希姆莱去世，又转由另一德国学者奥古斯特·孔好古完成。1920 年，孔好古在斯德哥尔摩出版了《斯文·赫定在楼兰发现的汉文写本及零星物品》，公布了这批文书。《国立北平图书馆馆刊》第五卷第四号（书目文献出版社，1931 年）对这批材料的释文进行了转载。

（二）1901 年 1 月，匈牙利人斯坦因受英国政府派遣来我国新疆探险，在尼雅河下游的尼雅遗址等地发掘出魏晋时期汉文木牍 40 余枚。这些汉文木牍的内容有字书、方技、《论语》、文书等。斯坦因将此次所获木牍文书委托法国学者沙畹研究，沙畹的研究成果于 1905 年在《亚洲人杂志》上发表，两年以后（1907 年）又在牛津出版了《丹丹乌里克、尼雅与安迪尔发现的汉文文书》一文，正式刊布了这批出土的文书。同年，斯坦因也作《古代和阗[3]考》一书，将其所获文书作为附表再次在牛津出版。

（三）1906 年，斯坦因第二次中亚探险，在罗布淖尔以北的北海头古城发现魏至北宋木牍 104 枚，在尼雅遗址中得到 11 枚，到了敦煌莫高窟后又骗走王道士大批古文书。斯坦因在其所著《西域考古记》和《中国沙漠考古记》（牛津克拉兰顿出版社）中对上述所获有详细的记载和叙述。1913 年，沙畹在牛津出版了《斯坦因在东吐尔斯坦考察所获汉文文书》一书，刊布了斯坦因这次所获的大部分实物照片，立即引起国内外学者的关注。但对其解读作出最大贡献的还应首推中国学者罗振玉和王国维。1914 年，由日本东山学社出版了两人合撰的《流沙坠简》。遗憾的是，《流沙坠简》所据的材料只是沙畹公布的 533 枚简牍照片，而不包括孔好古的那部分文书，因此在数据收集上有一定的局限性。斯坦因两次探险所获的木简、纸片及释文还被

3 和阗，今改称“和田”

收录在1931年由上海有正书局出版的《汉晋西陲木简汇编》一书当中。敦煌文艺出版社2003年出版的《中国简牍集成》一书对这批木简也有收录。

（四）1908—1909年，日本大谷光瑞探险队第二次来中亚考察，在楼兰遗址海头古城中得到“李柏文书”[4]及晋代木牍5枚。这些简牍的摹本和照片发表在1915年日本国华社出版的《西域考古图谱》和1931年日本出版的《书道全集》（三）中。《流沙坠简》中也收录了这批材料。

（五）1913—1915年，斯坦因第三次对中亚进行探险。在安西、玉门、金塔等地进行了调查和发掘，共掘得汉代简牍166枚，在楼兰遗址中掘得汉代简牍49枚。这批简牍一般被称为“敦煌汉简”，其出土地点大部分属于敦煌郡玉门都尉和中部都尉，小部分属于宜和都尉。其报告见斯坦因《军事腹地中亚甘肃和伊朗东部考古记》。这批简牍的内容多记载当时的日常行政、军事和私人生活，还有《仓颉篇》《急就篇》等小学书，以文书为主要内容。这次所获简牍由沙畹的弟子马伯乐研究，他从1920年开始，共花了15年的时间，至1936年完成了《中国古文书简影》一书。但直到1953年，马伯乐去世10年以后，大英博物馆才发表了其遗著《斯坦因第三次中亚考察所获汉文文书》。在此之前，中国学者张凤旅法留学时，曾从马伯乐处得到斯坦因第三次中亚考察出土简牍的照片和出土地点编号。1931年，他将上述材料连同沙畹第二次考察所获简牍的图版在国内刊布，并对文字进行了考释，撰写成《汉晋西陲木简汇编》一书，于1931年在上海有正书局出版，书中还收录了不少后来马伯乐书中没有的原简照片。这批原简现藏于伦敦大英博物馆。1993年，甘肃人民出版社出版的郭锋所著《斯坦因第三次中亚探险所获甘肃新疆出土汉文文书——未经马伯乐刊布的部分》一书中，又发表了马伯乐未刊布的400余枚简牍，但这本书中只有释文，没有原简的图片，对研究者来讲不免有些不便。《中国简牍集成》对这部分材料也有收录。

（六）1931年，《河北第一博物院院刊》第七期（民国二十年十二月

4 关于“李柏文书”的出土地点，日本学者森鹿三曾撰文《李柏文书的出土地点》进行讨论

廿五日）第三版刊载的《汉晋时代之木简》一文，介绍了陈德广捐赠的木简 3 枚。三枚木简分别发掘于宁夏二里河、甘肃毛目县北上湾两处，但未指明某简得于某处及具体发现年代。一枚上书“年及城囗行军南立寄囗囗囗立妻病困乏叔囗囗病”，此简宽 1.1 厘米，长 20 厘米。另一简上书“建昭六年正月癸未病卒名籍”，此简宽 0.9 厘米，长 8 厘米。余一简上书“囗囗宫会月廿六日逆验”，此简宽 0.8 厘米，长 8.8 厘米。字体有隶书和章草两种。

（七）1955 年 4 月，在湖北省武昌市任家湾发现了一座未经破坏的六朝古墓，从墓中出土了木简 3 枚，简上文字为墨书隶体。其中一枚上书“道士郑丑再拜……”等字。简长 18~23 厘米，宽 3 厘米。1955 年第 12 期《文物参考资料》上发表了由武汉市文物管理委员会撰写的《武昌任家湾六朝初期墓葬清理简报》，介绍了该墓葬及出土文物情况，并发表了木简的照片。1990 年文物出版社出版的由李均明、何双全合编的《散见简牍合辑》一书收录了这批木简，这本书中也只有简体字的释文而没有图片。

（八）1959 年 4 月，新疆维吾尔自治区博物馆考古队在巴楚县脱库孜沙来古城一带进行发掘和征集文物工作时，先后发现了有文字的木简 20 枚。1959 年第 7 期《文物》杂志发表了新疆维吾尔自治区博物馆写的《新疆巴楚县脱库孜沙来古城发现的古代木简、文字纸片等文物》一文，报道了这次发现的木简情况。《散见简牍合辑》一书收录了这批木简的内容。

（九）1966—1969 年间，新疆维吾尔自治区博物馆在吐鲁番县阿斯塔那古墓群 53 号墓中发掘出晋泰始九年（273 年）木简 1 枚。木简两面书写，正面为“泰始九年二月九日大女翟姜从男子乐”，背面为“买棺一口贾练廿匹练即毕棺即过若有名棺者约当召乐奴共了旁人马男共知本约”。从内容来看为私人文书。1972 年第 1 期《文物》杂志刊登了新疆维吾尔自治区博物馆写的《吐鲁番县阿斯塔那——哈拉和卓幕清理简报》，对该墓出土的文物情况进行了报道。该简现藏于新疆维吾尔自治区博物馆。《散见简牍合辑》一书中也收录了该文书的内容。

（十）1974 年 3 月，江西省博物馆考古队在南昌市东湖区永外街清理

M1 号晋墓时得到了木刺 5 枚，木方 1 枚。5 枚木刺大小相同，长 25.3 厘米，宽 3 厘米，厚 0.6 厘米。上有墨迹楷书，其中三枚内容相同，均为“弟子吴应再拜，问起居，南昌字子运”；另两枚，一书“豫章吴应再拜，问起居，南昌字子运”；另一书“中郎豫章都乡吉阳里吴应年七十三字子运”。木方长 26.2 厘米，宽 15.1 厘米，厚 1.2 厘米，方上文字内容为随葬衣物的清单。关于该墓葬及其他出土文物的情况，1974 年第 6 期《考古》杂志刊登了由江西省博物馆写的《江西南昌晋墓》一文，作了较详细的报导。《散见简牍合辑》《中国简牍集成》都收录了这批简牍的内容。

（十一）1979 年 6 月，江西省南昌市文物工作者在市内阳明路中段南侧清理了一座早期东吴墓葬，墓主为高荣。墓中出土木简 21 枚，木方 2 件。木简呈长方形，大小相同，长 24.5 厘米，宽 3.5 厘米，厚 1 厘米，字体为隶书，内容相同：“弟子高荣再拜问起居，沛国相高万绶。”木方每块长 24.5 厘米，宽 9.5 厘米，厚 1 厘米。其中一块字迹不清，另一块字迹较清晰，两面书写，书写内容为记录随葬器物的清单。1980 年第 3 期《考古》杂志刊登了《江序南昌东吴高荣墓的发掘》一文，报道了该墓出土文物的情况。《散见简牍合辑》收录了这批简牍的内容。

（十二）1980 年，湖北省鄂城县鄂城水泥厂 1 号墓出土了木刺 6 枚。刺长 24~25 厘米，宽 3.3 厘米，厚 0.4 厘米。其时代为东吴早期，出土时分散在墓室四周。《散见简牍合辑》收录了这批简牍的内容。

（十三）1980 年，楼兰古城三间房官署遗址出土晋简 63 枚。新疆社会科学院考古所在被邀请协助拍摄电视片《丝绸之路》时，三次深入罗布泊地区，获得了魏晋时期的汉文木简、文书（包括少量的法卢文）及大量的古钱、毛织物、丝织品、皮革制品、漆器等珍贵文物。1988 年第 7 期《文物》杂志上刊登了侯灿撰写的《楼兰新发现木简纸文书考释》一文，公布了这批简牍材料的情况。1999 年天地出版社出版的《楼兰汉文简纸文书集成》收录了这些简牍的内容。《楼兰汉文简纸文书集成》中收录了在楼兰地区出土的汉文简牍和残纸，图片与释文并收，且有编者的注释，使用起来较为方便。

（十四）1984 年，安徽省马鞍山市雨山乡安民村东吴朱然墓出土木刺 14 枚，木楬 3 枚。木刺每枚长 24.8 厘米，宽 3.4 厘米，厚 0.6 厘米。行文分三种：①弟子朱然再拜问起居字义封；②故鄣朱然再拜问起居字义封；③丹杨朱然再拜问起居字义封。木楬其右书“囗节右军师左大司马当阳侯丹杨朱然再拜”。1986 年第 3 期《文物》杂志刊登了安徽省文物考古研究所和马鞍山市文物局合写的《安徽马鞍山东吴朱然墓发掘简报》一文，报道了该墓出土文物的情况。

（十五）1985 年，甘肃省文物考古研究所在武威市松树乡上畦大队旱滩坡进行晋墓发掘，19 号墓中出土木牍 5 枚，编号 85MHM19：1-5。1 号木牍长 28.6 厘米，宽 10.2 厘米，厚 1 厘米；2 号木牍长 27.8 厘米，宽 5.6 厘米，厚 1 厘米；3 号木牍长 28 厘米，宽 5.2 厘米，厚 1 厘米；4 号木牍长 27 厘米，宽 11.5 厘米；5 号木牍长 27 厘米，宽 7 厘米。该墓为夫妇合葬墓，1-4 号木牍出自男棺内男头左侧，5 号木牍出自女棺，位于女尸胸前。除 5 号木牍残损外，余皆完整。据出土的“升平十三年”纪年木牍来推断，该墓当属东晋时期占据武威的地方政权前凉王张氏时代。木牍内容为墓主人身份、职位、记事和随葬衣物疏。《散见简牍合辑》《中国简牍集成》都收录了这 5 枚木牍的内容。

（十六）1986 年，甘肃省文物考古研究所于甘肃省张掖地区高台县罗城乡常封村调查时获得木牍 1 枚。木牍已断为 3 片，经缀合，长 23.9 厘米，宽 4.5 厘米。据书体和同出文物考察，当为晋时之物。文字多磨灭，上书若干姓名，疑为书信。《散见简牍合辑》《中国简牍集成》都收录了这枚木牍。

（十七）1996 年 7 月至 11 月，湖南省长沙市文物工作队在长沙市走马楼一带，五一广场东侧的和平堂商业大厦建筑工地编号为 J22 的古井中发现了数量惊人的三国时期的简牍，大多属于三国孙吴嘉禾年间（232—238 年），总数达 10 万枚以上。这一数目超过国内历年出土简牍数量的总和。它与殷墟甲骨、居延汉简、敦煌文书、满文老档一起被誉为中国古史研究文献资料的“五次大发现”。关于走马楼吴简的数量，自发掘以来一直没有一个确切的数字，早期的相关文献均说是 10 万枚左右或 10 万枚以上。吴简发掘组成员宋少华曾估计，吴简的数量有 17 万枚[5]。而吴简的具体保管者汪力工女士在 2002 年的最新统计数据是近 14 万枚，其中封检 8 枚，签牌 68 枚，木牍 165 枚，小木简 60 枚，大木简 2548 枚，竹简 136729 枚[6]。至于简文的字数，约有 150 万字以上，不但超过《吴书》数倍，而且也大大超过了《三国志》的总字数。经长沙市文物考古研究所的考古专家初步研究，这批埋藏了 1700 多年的三国时期孙吴纪年简牍，其内容大体可以分为五类：一是券书，二是官府文书、司法文书，三是长沙郡所属人名簿，四是官刺、名刺，五是账簿，涉及赋税、黄簿民籍、仓库管理、钱粮出入、军民屯田、往来书信等方面。从出土情况上可以分为两大类：一大类是发掘简，一大类是采集简。其中发掘简系吴简正式发现后，现场得到保护，经科学家发掘出土的简，相对完整；采集简主要是竹简，是施工扰乱后，从开窖四周及十里以外湘渔场卸渣区抢救捡回的简，多为残断简，破损严重，整理难度较大。长沙市文物工作队长沙市文物考古研究所在 1999 年第 5 期《文物》杂志上发表了《长沙走马楼 J22 发掘报告》，简要介绍了走马楼吴简的主要内容。目前已经整理发表的有长沙市文物考古研究所、中国文物研究所、北京大学历史学系走马楼简牍整理组编纂的《长沙走马楼三国吴简 · 嘉禾吏民田家莂》[7]《长沙走马楼三国吴简 · 竹简 [壹]》[8]《长沙走马楼三国吴简 · 竹简 [贰]》[9]《长沙走马楼三国吴简 · 竹简 [叁]》[10]和《长沙走马楼三国吴简 · 竹简 [肆]》[11]。香港中文大学依据《长沙走马楼三国吴简 · 嘉禾吏民田家莂》书中的材料，

5 宋少华，《长沙出土吴简 17 万枚》，《中国国家地理》2001 年第 9 期，第 47-53 页

6 王素，《长沙走马楼三国吴简研究的回顾与展望》，《吴简研究》(第一辑)，武汉：崇文书局，2003 年，第 1-39 页

7 走马楼简牍整理组，《长沙走马楼三国吴简 · 嘉禾吏民田家莂》，北京：文物出版社，1999 年

8 走马楼简牍整理组，《长沙走马楼三国吴简 · 竹简 [壹]》，北京：文物出版社，2003 年

9 走马楼简牍整理组，《长沙走马楼三国吴简 · 竹简 [贰]》，北京：文物出版社，2007 年

10 走马楼简牍整理组，《长沙走马楼三国吴简 · 竹简 [叁]》，北京：文物出版社，2008 年

11 走马楼简牍整理组，《长沙走马楼三国吴简 · 竹简 [肆]》，北京：文物出版社，2011 年

建立了《嘉禾吏民田家莂》数据库[12]公布在互联网上，可供研究者检索。这个数据库设立了出土编号、地名、人名、年代编号和内容五个属性，可进行基于这五种条件的检索。但后期出版的《长沙走马楼三国吴简 · 竹简 [壹] [贰] [叁] [肆]》均没有收入这个数据库，且没有将原始简牍的图片纳入这一检索系统，略感遗憾。

12 http://rhorse.lib.cuhk.edu.hk/

第 2 节 魏晋南北朝简牍文字研究现状

自 1900 年在古楼兰遗址掘获魏晋简牍至今，近代简牍的发掘与研究已有百余年历史。先后有六个国家的学者参与了简牍材料的发掘与考释，目前较易见到的全面、系统的数据汇集性研究专著有《流沙坠简》《楼兰汉文简纸文书集成》《长沙走马楼三国吴简 · 嘉禾吏民田家莂》《长沙走马楼三国吴简 · 竹简 [壹][贰][叁][肆]》《散见简牍合辑》等。

《流沙坠简》由罗振玉与王国维合撰，是中国近代最早研究简牍的著作，被许多研究者称为中国简牍学史上的奠基之作。这本书搜罗了斯坦因第二次中亚考察时，在新疆和田、尼雅、楼兰古城遗址及甘肃敦煌汉代长城鄣燧遗址所获汉文文书，斯坦因第三次中亚考察于尼雅河下游所获晋初文书，及日本大谷光瑞探险队成员橘瑞超于罗布淖尔北所获前凉长史李柏书稿，共 588 枚（件）。书中按简牍的内容和性质进行分类，析为三大类：第一大类是小学术数方技书，涉及《仓颉》《急就》《力牧》《历谱》《算术》《阴阳》《占术》《相马经》《兽医方》等多种典籍；第二大类是屯戍丛残，其下又按内容分为簿书、烽燧、戍役、廪给、器物、杂事等六项；第三大类是简牍遗文，汇集各式书信。书中附有原始简牍、残纸的图片。作者在书中不仅考校文字，诠释词语、疏通文意，还对与之有关的历史制度进行考证，其中对遗址性质、汉长城走向及鄣燧布局、屯戍组织、西域史地、中外交通的研究，对行文关系及文书制度、简牍缀合及编联的解析，创获尤多，至今仍具有很高的学术价值和参考意义，也为后人的研究提供了方法、开创了道路。这本书于 1914 年在日本问世，1934 年再版，加入了作者的一些修订。现在较易见到的版本是中华书局 1993 年据再版出的影印本。

《楼兰汉文简纸文书集成》由侯灿、杨代欣主编，该书“力求客观展示一百年来楼兰汉文简纸文书的出土情况和中外学者的研究成果”[13]“是本世纪搜集楼兰简纸文书最齐全最精审的汉文文书数据”[14]。这本书在释读文字和考证史实上，充分吸收前人的研究成果，对不同意见注明了出处。在材料的编排上，采用斯坦因的分级编号法，按照出土地点和出土时间等先后编入，将各时期的出土材料有机地整合在一起，还编排了“楼兰汉文简纸文书编号检索表”“沙畹、王国维考释楼兰汉文文书与斯坦因编号对照表”“马斯伯乐、张凤考释楼兰汉文文书与斯坦因编号对照表”，方便使用者与各类编号对照检索。这部书中收集的简牍与残纸包括以下内容：① 1901 年斯文·赫定在楼兰所获简牍、残纸；② 1906 年斯坦因第一次探险所得；③ 1909 年橘瑞超探险所得；④ 1914 年斯坦因第二次探险所得；⑤ 1980 年新疆社会科学院考古所得。这五部分材料，都配有彩色图片，方便读者比照阅读。本书还将斯坦因第三次中亚探险未予公布的一些楼兰文书碎片作为附录收在最后，但是没有图版。这批简牍残纸与《流沙坠简》的收录有部分重合，收录了《流沙坠简》中楼兰地区出土的文书，又添加了斯文·赫定与新疆社会科学院的考古发现。该书 1999 年由天地出版社出版。

《长沙走马楼三国吴简·嘉禾吏民田家莂》与《长沙走马楼三国吴简·竹简 [壹][贰][叁][肆]》所收录的简牍材料都是 1996 年 7 月在长沙市中心的走马楼建设工地发掘所得。在已整理的出土材料中，有简、牍、签牌、封检等。竹、木简多编连成册。其中《长沙走马楼三国吴简·嘉禾吏民田家莂》分为上、下两册，上册为图版，下册为释文，收录的是出土的 2141 枚（含残片）大木简。这些大木简形制比较特别，长 49.8~56 厘米，宽 2.6~5.5 厘米，木简顶端均有用墨书写的“同”字或描画的与“同”具有同等意义的符号。这种形制的大木简应当是一种左右分券形式的券书。这批木简所记载的年份分别为嘉禾四年（235 年）和嘉禾五年（236 年），时

13 《楼兰汉文简纸文书集成·前言》，见侯灿、杨代欣主编，《楼兰汉文简纸文书集成》，成都：天地出版社，1999 年

14 同上

间各延续到次年的年初。内容为田家所佃土地的数量、时限，按规定的数额、时间向官府缴纳和除免的租米、租布、税钱以及官吏收缴、校核的情况。《长沙走马楼三国吴简・竹简[壹][贰][叁][肆]》收录的都是竹简。其中《竹简[壹]》共收录竹简10545枚，竹简纪年最早为东汉中平二年（185年），其次为建安二十五年（220年），最晚为孙吴嘉禾六年（237年），内容为三国孙吴时期（嘉禾年间）长沙地区官府文书及户籍，另有大量赋税文书。《竹简[贰]》分为上中下三册，上、中册为图版，下册为释文，书后附有人名、地名、纪年等索引。该书收录长沙走马楼第22号古井出土竹简9091枚，内容包括户口簿籍、赋税、各类账簿及各类官私文书，涉及三国孙吴时期政治、经济、军事、文化、交通、民族等各方面。《竹简[叁]》收录竹简8414枚，内容主要是赋税、黄簿民籍、钱粮出入、仓库管理等。《竹简[肆]》收录竹简5613枚。走马楼吴简出土时间最晚，因此也采用了最新的研究手段。由于南方气候潮湿，地下水位高，加上泥土挤压和井底堆积的污染，有些简牍出土时积满了污垢，已相当腐朽。考古工作者采用了最先进的脱水技术对这批简牍材料进行了抢救，后来的研究者又使用了先进的红外技术对简牍上的文字进行识别，大大提高了文字的可识别性。这些技术都是前人无法享用的。

《散见简牍合辑》由李均明、何双全编写，收集了秦汉及魏晋南北朝时期各地零散出土的简牍。这些简牍由于每次出土的数量较少，难以单独编纂成书，释文及研究成果散见于各种书刊之中，查找极为不便。但是这些资料对人们研究秦汉魏晋间的政治、经济、文化仍不失为珍贵的一手资料。这本书所作的整理工作确实为研究者提供了很多便利。书中简单介绍了简牍出土的情况及简牍的形制，收录了释文，遗憾的是没有收录原始简牍的图片，释文也采用简体字，对于文字研究者来说多有不便。这本书1990年由文物出版社出版。

楼兰简牍与新出土的长沙走马楼吴简是数量相对集中的两部分魏晋南北朝时期材料，所以对这一时期简牍的研究也多集中在这两批材料上。

楼兰简牍涉及的内容相当广泛，有大量反映屯垦军队生产、戍守、灌溉、廪给、节约粮食、领发器物、发放薪俸、市贸及日常生活和处理有关事务的报告；出土文书中有古籍抄本《战国策》《左传》《论语》等，可以用来与传世文献作比照；“李柏文书”“张济逞文书”等较为长篇的书信，可以用来研究前凉时期与中原割据政权和西域地区的某些政治军事关系。根据这些文书，学者们展开了涉及诸多学科领域的研究。就目前的研究情况而论，主要有以下几个方面。

（一）关于楼兰历史的考证，如楼兰聚落的形成问题。侯灿认为楼兰古城在整个新石器时代都存在人类活动，是人类活动的聚点和中心[15]。孟凡人认为楼兰古城所发现的石器绝大部分都是细石器，磨制石器很少见，泥器与陶器未见，所以不是楼兰绿洲的重点或中心[16]。另外还有关于楼兰国都的问题、楼兰古城的性质、楼兰与海头关系等问题的研究讨论。

（二）对魏晋南北朝政治、经济、军事等历史制度的考察，如屯田制度、西域地区的行政制度、烽燧制度、赋税制度等的研究。其中较为全面、系统的研究当属罗振玉与王国维的《流沙坠简》。

（三）对简牍书法的研究。“魏晋之际，上承汉末隶书的成熟阶段并进而达到了隶书的顶峰时期，下启在隶书蜕变中产生的由楷、行、草书构成的今体书系统的关键时期。”[17]简牍材料作为中、下级官吏或军士日常生活中最基本的书写材料，而非碑刻等刻意加工、雕琢过的书法作品，恰好最直接地反映了魏晋时期社会实际用字情况。这批简牍材料可谓各种书体兼备，隶书、楷书、章草、行草都可以见到。专著如2004年上海教育出版社出版的刘延玲《魏晋行书构形研究》，这本书从字体角度出发，探讨行书形成的历史规律，分析构形系统，还将走马楼吴简嘉禾吏民田家莂部分纳入研究范围，但只选取了以行书书写的部分简牍加以研究。

走马楼吴简的释文与图版公布时间较晚，是近年来简牍学研究的热点

15 侯灿，《论楼兰城的发展及衰废》，《中国社会科学》，1984年第1期

16 孟凡人，《楼兰新史》，北京：光明日报出版社，1990年，第36页

17 《楼兰汉文简纸文书墨迹研究》，见侯灿、杨代欣主编，《楼兰汉文简纸文书集成》，成都：天地出版社，1999年

内容之一，研究成果颇为丰富，据不完全统计，国内外相关研究文章已达400多篇。从内容上来看大致可以分为以下类别。

（一）有关吴简出土、保护、整理的研究。代表性的文章有胡平生、宋少华《长沙走马楼简牍概述》（《传统文化与现代化》1997年第3期），长沙市文物工作队长沙市文物考古研究所《长沙走马楼J22发掘简报》（《文物》1999年第5期），江力工《略谈长沙三国吴简的清理与保护》（《中国文物报》2002年12月13日第八版），罗新《走马楼吴简整理工作的新进展》（《北大史学》北京大学出版社2000年）等。

（二）对吴简的释文进行校正。代表性的文章有侯旭东《长沙走马楼三国吴简释文补正》（《中国文物报》1999年7月21日）、《三国吴简两文书初探》（《历史研究》2001年第4期）；黎石生《〈嘉禾吏民田家莂〉释文补正》（《中国文物报》2002年10月18日）；胡平生《长沙走马楼三国孙吴简牍三文书考证》（《文物》1999年第5期）、《读长沙走马楼简牍札记（一）（二）（三）》（《光明日报》2000年3月31日、4月7日、4月21日）、《〈嘉禾四年吏民田家莂〉统计错误例解析》（《简帛研究二〇〇一》广西师范大学出版社2001）、《〈长沙走马楼三国吴简〉第二卷〈竹简〉[壹]地名、人名释文校正》（《简帛研究二〇〇四》广西师范大学出版社2006年）；王素《长沙走马楼三国孙吴简牍三文书新探》（《文物》1999年第9期）、《关于长沙吴简"刑"字解读的意见——〈长沙走马楼三国吴简〉释文探讨之一》（《简帛研究二〇〇六》广西师范大学出版社2008）；于振波《浅析走马楼吴简中"刑"的含义》（《船山学刊》2004年第1期）等。

（三）针对释文内容所反映出的土地、赋税、人口、行政管辖、法律等制度问题的探讨。在佃田租税的征收及其标准、占田数目、市集和物价变化等方面的探讨尤为集中，比较有影响的文章有：韩树峰的《吴简中的口算钱》（《历史研究》2001年第4期），从竹简中所记征收口算钱的格式，对孙吴征收口算钱的制度进行了探讨；高敏的《论〈吏民田家莂〉的契约与凭证二重性及其意义》（《郑州大学学报》2000年第4期），主要认为"田家莂”实际具有土地租佃契约和官府收受吏民租、税、布、钱凭证或收据的双重性质；杜汉超《长沙走马楼三国吴简米出入记录所见会计制度探讨》（吉林大学硕士学位论文2009年）以《长沙走马楼三国吴简》为原始材料，以会计制度为主要线索，对吴简中的米簿进行搜集分类，从吴简中的记账方法、账簿分类、会计报告、会计制度所反映的孙吴政治及经济状况入手进行分析，以了解此时期的会计制度及吴国的政治及经济情况。

（四）从书法角度进行研究。走马楼简牍的字体介于隶、楷、行之间，从整体上看，书风具有隶意，但在许多字样中又杂有带楷意的笔画。所以这一特殊的字体也进入了一些研究者的视野，出现了少量从书体角度所作的讨论。如刘正成的《钟繇与长沙吴简说》（《中国书法》1998年第1期），洪娟的《吴简嘉禾吏民田家莂举隅》（《长沙三国吴简暨百年来简帛发现与研究国际学术研讨会》2001年8月）和《从走马楼吴简再辨钟繇书艺》（《第五届中国书法史论国际研讨会论文集》文物出版社2002年）等。宋少华还结集出版了《湖南长沙三国吴简》六卷本（重庆出版社2010年），从书法艺术的角度按照不同书体风格对走马楼吴简重新结集整理，便于读者欣赏、临摹。

（五）从语言文字学方面进行研究。主要有李丰娟、张显成《吴简量词研究》（《古汉语研究》2011年第1期）、于振波《走马楼吴简习语考释》（《考古》2006年11期）、郑蓓《走马楼吴简用字调查》（华东师范大学硕士学位论文2007年）、覃继红《〈长沙走马楼三国吴简·竹简〉俗字研究》（西南大学硕士学位论文2007年）、孙惠惠《〈长沙走马楼三国吴简·竹简[叁]〉形声字及字体研究》（西南大学硕士学位论文2011年）、朱灵芝《〈长沙走马楼三国吴简·竹简[叁]〉异体字研究》（西南大学硕士学位论文2011年）、郭小东《〈长沙走马楼三国吴简·竹简[贰]〉文字编》（西南大学硕士学位论文2011年）。可见从文字学角度对吴简的研究还嫌薄弱，有待加强。

目前，已经出版的吴简研究专著和论文集有：《吴简研究》第一辑（北京吴简研讨班，崇文书局2004年）；《吴简研究》第二辑（长沙市博物馆、北京吴简研讨班，崇文书局2006年）；《吴简研究》第三辑（长沙简牍博物馆、北大中古史研究中心、北京吴简研讨班，中华书局2011年）。日本长沙吴简研究会主编的《长沙吴简研究报告》第一集（东京2001年）、第二集（东京2004年）、第三集（东京2007年）；关尾史郎主编的《嘉禾吏民田家莂数值一览》（Ⅰ）（Ⅱ）（2005、2007）；高敏《长沙走马楼简牍研究》（广西师范大学出版社2008年）；《长沙三国吴简暨百年来简帛发现与研究国际学术研讨会论文集》（中华书局2005年）等。

第 3 节 研究范围、方法和目标

一、研究范围

本书的研究范围拟囊括已出土的魏晋南北朝时期的所有简牍材料，另外还包括少量与魏晋南北朝简牍同时出土的残纸及汉、隋的简牍、残纸。因为早期的整理者在整理研究中，已经将这些材料一起结集出版，而且也只给出了简牍的大致所属年代是在汉至隋，很难将它们分离出来。考虑到汉与隋唐的简牍与本书的研究材料时间上相距不远，虽然分属不同的朝代，但从文字的使用情况来看，仍属于同一阶段，故允许其进入本书的研究范围。

在实际操作过程中，本书将无法找到原版图片、原版图片不能辨认及用外文或草书书写的简牍、残纸剔除在外。因为从文字学角度来看，字样的原始形态才是本书据以研究的唯一材料，仅凭整理者给出的释文无法复原当时的用字面貌。而草书由于很难分析其笔画、构件等构形成分，应当属于书法学的研究范畴，故也将其排除在外。走马楼吴简数量庞大，已公布的简牍图片就达 4 万多枚，总字量在百万以上，凭借一己之力对其进行数据处理、研究实难，且考虑这批文字材料所反映的历史时间跨度仅有 17 年（220—237 年），社会总用字量相对稳定；且出土地为相同地点，也不存在地域问题，故未全部纳入研究范围。

本书的研究材料取材于《流沙坠简》《楼兰汉文简纸文书集成》《长沙走马楼三国吴简 · 嘉禾吏民田家莂》中的全部简牍与《长沙走马楼三国吴简 · 竹简 [壹]》中文字内容有代表性的、图版清晰可供分析的简牍。具体包含下列材料：

发现者	收录总数	收录简牍数	收录残纸数
斯文·赫定	306	127	179
斯坦因、橘瑞超	585	525	60
侯灿	31	30	1
走马楼研究小组	2255	2255	0
总数	3177	2937	240

这批简牍的总用字量有 26 万左右。

二、理论依据

（一）汉字构形的系统性理论

本书的理论依据之一是王宁先生在西方“系统论”的思想基础上，结合汉字自身特点，提出的汉字构形的系统性理论。这一理论主要包括以下几点内容。

第一，从整体上看，汉字是为社会创造又被社会成员共同习得和使用的符号系统，在构形上必然是以系统的形式存在的。

第二，从汉字记录语言的方式和角度上来看，汉字是构意文字，汉字字符不是笔画和构件的无序堆积，而是有理据性的。

第三，汉字构形系统是由若干个基础元素按照一定的结构模式组合起来的有序网络，任何一个汉字都应该能够在这个网络中找到自己的合适位置。

第四，从汉字发展史来看，汉字的发展是既有渐变性又有阶段性的，阶段性共时层面汉字构形系统的研究，是整个汉字发展史研究的基础。

（二）分析现代汉字形体和构造的理论

今文字阶段，汉字的笔画系统已经形成，以往的分析汉字形体和构造的六书理论已经不能完全适用。学者们提出了新的理论用以分析现代汉字的形体和构造。这种理论认为笔画组成构件，构件又组成整字。笔画、构件和整字是汉字结构层面的三个等级系统。

笔画是汉字楷书系统中的最小一级。汉字只有发展到楷书阶段，笔画才可以进行称说、论序、定数。笔画可以直接构成构件甚至整字，是汉字构形的最小单位。有时部分笔画具有区别形近字形的作用。

构件，有些研究者称之为“部件、字根、字符、字素”。构件是汉字系统的中间层次，介于笔画和整字之间。构件的组合是有层次的，按照构件的层次从大到小进行拆分，得到的构件依次叫做一级构件、二级构件、三级构件等。一级构件也叫直接构件，它直接参与构字，体现构意。最小的不能再拆分的构件叫做基础构件，也叫末级构件，由笔画直接构成。直接构件以外的其他构件均不能体现整字的构形理据。

整字是汉字结构层次的最高一级，由直接构件按照一定的规则组合而成。按照包含的基础构件的数量可以分为两大类：一类是独体字，即由单个基础构件构成的字；一类是合体字，即由两个或两个以上的基础构件构成的字。

（三）传承与变异的理论

传承与变异不仅是历史汉字研究的两个重要方面，也是汉字史研究的重要内容之一。臧克和先生在《谈结构》中曾论及汉字结构在发展演变中的传承和变异现象：

> 根据历史汉字的发展演变，现代汉字分为两个类型：一是仍然适应“六书”结构，可以分析为指事、象形、形声和会意等结构类型。一是经过变异、简化之后，已经无法归入“六书”结构类型，大部分只剩下符号轮廓的类型。后者，只能算是保留了从表意结构到现代汉字的轮廓线索，已经很难发现汉字的形体结构与记载

语义的对应关系，对其表意程度不能估计过高。[18]

同时，他还强调历史汉字要从传承和变异两个角度综合考察，曾先后发表《历史汉字的贮存、传播与变异（一）》[19]《历史汉字的贮存、传播与变异（二）》[20]《历史汉字的贮存、传播与变异（三）》[21]三篇文章专门讨论《说文解字》（简称《说文》）《原本玉篇残卷》《篆隶万象名义》《宋本玉篇》四本传世字书所贮存的历史汉字的传承和变异情况。

传承和变异不仅存在于汉字的结构类型方面，还在汉字的笔画、构件、整字各个层次都有体现。我们把某一阶段的汉字系统中的各要素对前一阶段汉字系统中的各要素的继承现象称为传承，把某一阶段汉字系统中各要素对前一阶段汉字系统各要素的改造称为变异。[22]

（四）共时与历时的理论

共时和历时这两个术语最早由瑞士语言学家索绪尔提出，用来区别两种语言学。汉字系统同样存在共时和历时两种形态。

汉字的发展既有渐变性又有阶段性。对某一共时层面的汉字进行封闭性描写能准确地反映某一阶段汉字的整体面貌，是整个汉字史研究的基础。而汉字系统又是一个开放的系统，各个不同阶段的汉字又会呈现不同的特点、面貌。只有在对汉字各阶段面貌清楚描写的基础上，才能了解历时层面的汉字总体发展轨迹。

---

18 臧克和，《谈结构》，《中文自学指导》，2006 年第 1 期，第 10-14 页

19 臧克和，《历史汉字的贮存、传播与变异（一）》，《陆宗达先生百年诞辰纪念文集》，北京：中国广播电视出版社，2005 年，第 280 页

20 臧克和，《历史汉字的贮存、传播与变异（二）》，《中国文字研究》第 6 辑，第 129-134 页

21 臧克和，《历史汉字的贮存、传播与变异（三）》，《中国文字研究》第 7 辑，第 57-66 页

22 李海燕，《隋唐五代石刻文字》，广州：南方日报出版社，2011 年，第 20 页

三、研究方法

为了实现本书的研究目标，依据汉字的相关理论，采用了结构分析法、历时比较法、共时对照法、定量分析法等主要方法，对魏晋南北朝简牍文字系统进行全面的测查和分析。

（一）结构分析法

将魏晋南北朝简牍文字作为一个封闭的文字系统，对系统内部的不同层级的结构单位、结构模式等进行穷尽性的结构分析，而不是举例性的研究。首先建立字表，并逐级拆分出构字元素，然后综合运用数据统计法和归纳法，客观地描写魏晋南北朝简牍文字的构形系统。

（二）历时比较法

以历史汉字的传承和变异为理论依据。汉字构形学理论分析出了汉字构形的历时传承的五种情况，为历史汉字的认同提供了准则[23]：

> 第一，汉字经过发展，因为总的形制变化，笔法有所不同，但构形全同，全然可以断定是同一个字。
>
> 第二，汉字经过发展，结构要素、结构模式和结构层次与分布都没有发生变化，只是形素的样式发生了变化，直观上不像同一个字，但只要通过构形分析，便可以知道它们是同一个字。……这类传承我们称作形体变异传承，简称变异传承。
>
> 第三，汉字在发展过程中，由于后代书写的简化，产生了构形属性的变化，或构形元素发生变化。

23 王宁，《汉字构形学讲座》，上海：上海教育出版社，2002 年，第 87-91 页

第四，汉字在发展过程中，整个轮廓发生了变化。

第五，不同字体的转写产生的传承字。

（三）共时对照法

魏晋南北朝时期，文字载体存在竹简、石刻、纸等多种材质，因此我们将魏晋南北朝时期简牍文字与其他书写材料上的文字，以及当时的规范性字书进行比较，从而调查不同载体对汉字字体的发展有怎样的影响。

（四）定量分析法

对这一时期文字系统的一些构形要素、构形方式进行数量特征、数量关系及数量变化等的分析，从而为对这批文字材料的定性提供依据。

四、研究目标

本书的研究目标是对魏晋南北朝时期的简纸文字进行测查和整理，客观地分析并描写，摸清这一时期的文字面貌、构形情况及历史传承与变异情况。具体来说，本书试图实现以下目标。

第一，从字体角度描写这批文字的整体面貌。从笔画层面与构件层面描写总的字体风格。

第二，从整字、构件、笔画三个层面描写异体字形成的原因，并统计各原因形成异体字的比重，从而得出魏晋南北朝时期简牍异体字形成的主要原因。

第三，对构形系统进行描写，分析魏晋南北朝简牍文字的构件功能、构形模式，得出这批文字材料的构形特点。

第四，对魏晋南北朝简牍文字的构形理据进行分析，得出这批文字材料构形理据的保留程度。

第 4 节 魏晋南北朝简牍文字的整理

本书的研究范围内有 26 万字的文字材料，涉及 3000 多枚简牍，且资料复杂，书体多样，如果仅凭人工操作的方式去统计分析，不仅需要耗费大量时间，而且难以保证数据的准确性。现代计算机的普及应用为数据的分类统计提供了强有力的技术支持。本书进行研究的首要任务就是建立魏晋南北朝简牍文献语料库，在此基础上对数据进行分类统计。

本语料库主要由文献表和字样表构成。

（一）文献表

文献表主要反映魏晋南北朝简牍文献的基本情况，大致包括以下属性：

1．整理编号：即每一条文献在数据库中的编号，每枚简牍在数据库中对应一个唯一的编号。

2．原始编号：即最初的整理者在整理时为简牍设定的号码，为方便使用者查找原始版图、释文，本数据库特为保留。

3．出土时间：记录该枚简牍被发现的时间。

4．出土地点：记录该枚简牍的具体出土地点。根据我们整理的数据库资料，出土地大多集中在新疆、甘肃、湖南、湖北、江西等地。本字段的设立主要是便于以后开展文字空间地域的差异调查。

5．简牍年代：主要用来记录简牍书写的历史时间。有些简牍可以精确到年，如嘉禾四年（235 年），有些简牍只有大致的历史时间。

6．材质：主要记录文献的材质情况，有竹简、木简、残纸等材质。

7．形制：记录每枚简牍的外部属性，包括长度、宽度、厚度等。

8．著录：记录每枚简牍的整理出版物。

9．字体：记录每枚简牍所载文字的字体形体，具体涉及隶书、楷书、行书三种形态。有少量草书形态的简牍，未将其列入本数据库。

10．类型：记录简牍内容所反映出的该简牍的社会功用，如书信、契约、文书等。但只有内容较为完整的简牍可以看出其功用。

11．人名、地名：这是专门针对走马楼吴简的内容而设立的属性。

12．释文：录入每枚简牍的对应释文，是文献表的核心部分。按照简牍的图片逐字识别，本语料库共录入 3177 条记录。释读过程主要参考《流沙坠简》《楼兰汉文简纸文书集成》《长沙走马楼三国吴简・嘉禾吏民田家莂》《长沙走马楼三国吴简・竹简 [壹]》等材料。

数据库建成以后，可以实现基于以上条件的查询。将研究材料形成数据库，可以大大缩短研究时间，而且为后期的各类研究提供方便。

该文献表共收录 3177 条记录，总字量达 26 万余字。

（二）字样表

在文献表的基础上，以 SQL SERVER 2000 为数据库，使用 C# 编写了客户端安装程序，完成对单独字样的整理工作。首次实现将数据库部署在 WEB 服务器上，方便使用者通过互联网访问服务器，便于不同使用者对数据库同时进行加工，避免了在本地安装数据库，并且可以在每次运行时自动检查并安装最新版本程序。

运行程序登录后，首先会出现如下页图所示的主窗口，该窗口分为三个窗格：左侧为项目窗格，中间为某项目下所统摄的各枚简牍的编号、释文等，右侧显示并可编辑单枚简牍的图片。

每个项目都对应一组简牍及释文，如下页图所示，当前选择的项目是“5 年”（即走马楼吴简“嘉禾吏民田家莂”中“嘉禾五年”），中间窗格显示的是所有嘉禾五年的简牍释文及图片编号等内容，当选中某枚简牍时，就会在右边窗格中显示该简的原始图片。

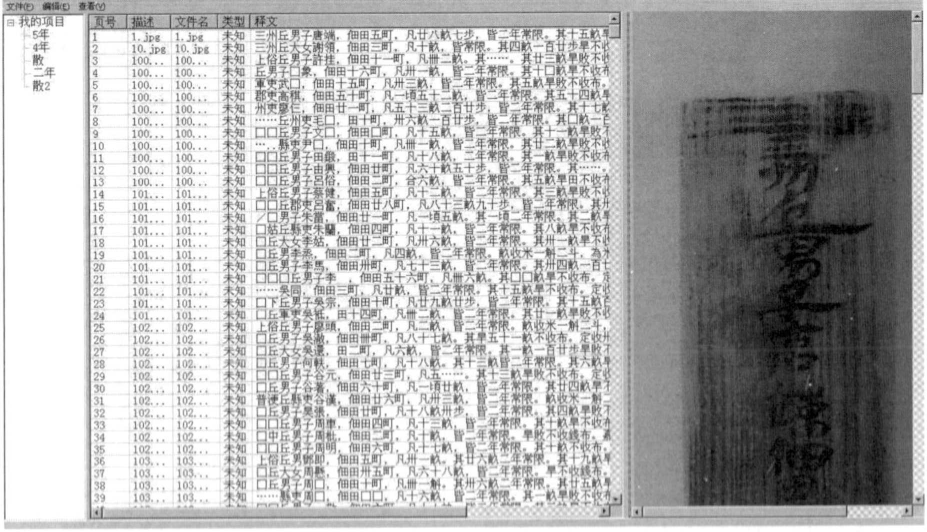

针对大部分图版的明亮度、对比度不够，看上去不够清晰的情况，这个程序还提供了简单的图形对比度、明亮度调整功能，如下图所示，在图片上单击鼠标右键，会弹出一个菜单，选择“浅色过滤设置”，将会以点击鼠标时鼠标所在位置颜色为基准，浅于该色的部分全部处理成白色，深于该色的部分将按比例做白化处理。同样还可以作“深色过滤设置”。通过这种方式，可以快速改善图片的亮度与对比度，增加图片的可识别性。下图一为未经处理的图片，下图二为处理后的图片。

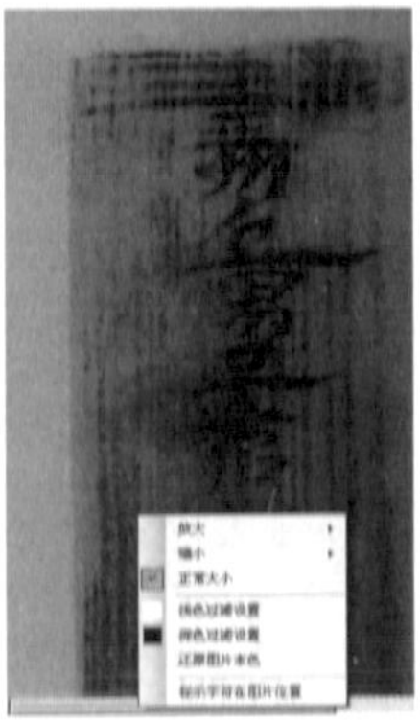

图一

图二

这个程序最重要的功能是将整条简牍上的单字裁剪下来并与楷字对应，在上述的右键弹出菜单中，选择“标示字符在图片位置”，就会弹出如下窗口。

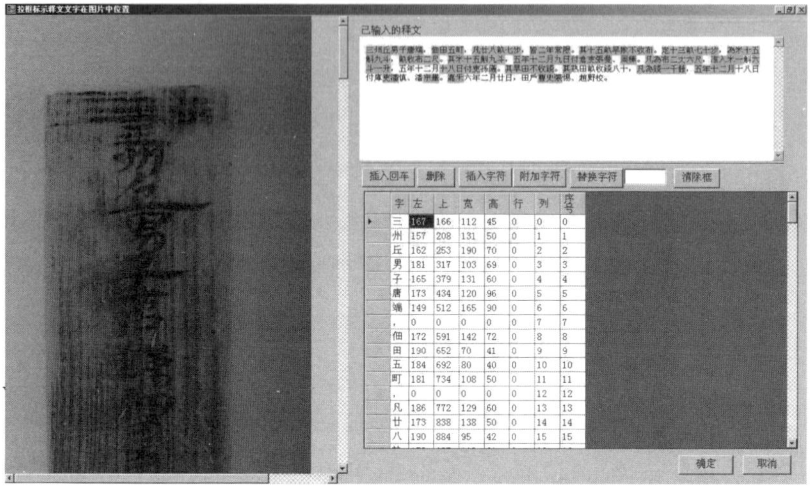

这个窗口用来标示释文中每个字对应图片的位置。窗口的左侧为图片区，右侧上部为释文区，右侧下部为释文列表，每行代表释文中的一个字。操作时在释文中点击一个字或在列表中选择一个字，然后在图片中拉框表示该字所在的位置，会有一个红色虚线矩形框随着鼠标的移动而生成，同时在列表中会自动记录该图形的位置。已经标示过的汉字在释文区会变成蓝色。用这样的方法处理数据库中 3177 枚简牍，得到了 32 195 个可分析字样。生成的这 32 195 个字样都自动归到相应的楷字下。这时就可以在主窗口中选择编辑菜单下的“异构字分组”，对它们进行去重、分组工作。

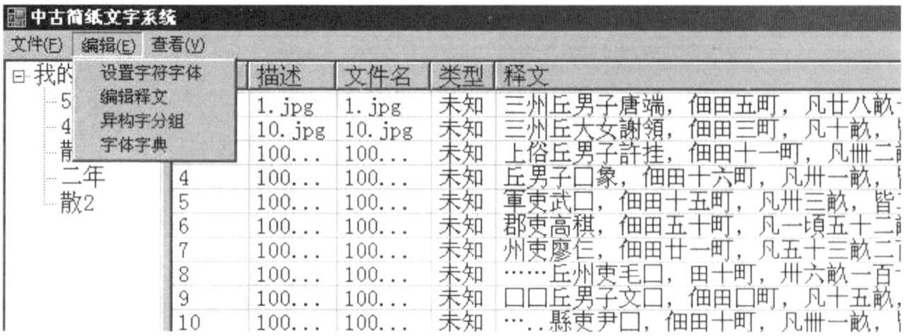

在如上图所示的主窗口中，可打开如下窗口：

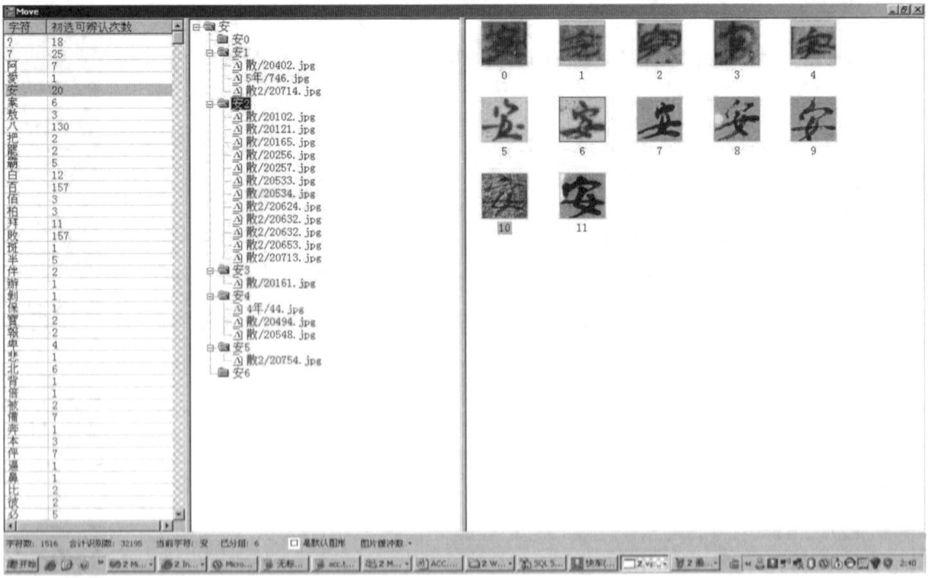

左侧为这批简牍材料中的所有去重单字，选择了左侧的某个字后，中间窗格会出现一个树状结构，根是楷字，下面有二级分组。右侧窗格会显示所有楷字下的图片。手动将可以归纳为一类的图形拖动到二级节点内，系统会自动增加一个空组，以此方法实现分组。在每组照片中选择一个较为清晰的设为默认代表字，会在以后的报表中作为字组主形。

最后一步就是生成统计报表了，在主窗口，“查看”菜单中选择“字频”选项，按操作执行，最终就可以得到如下的报表：

斗	1	D:\myProject\jiahe\五年图片单独扫描\55.jpg	1	Images/斗1.jpg	
斗	2	D:\myProject\jiahe\散\20293.jpg	1	Images/斗2.jpg	
斗	3	D:\myProject\jiahe\二年\49.jpg	1	Images/斗3.jpg	
斗	4	D:\myProject\jiahe\五年图片单独扫描\136.jpg	1	Images/斗4.jpg	
斗	5	D:\myProject\jiahe\散\20266.jpg	1	Images/斗5.jpg	
督	1	D:\myProject\jiahe\散2\san1\20663.jpg	1	Images/督1.jpg	
督	2	D:\myProject\jiahe\散2\san1\20655.jpg	1	Images/督2.jpg	
督	3	D:\myProject\jiahe\散\20462.jpg	1	Images/督3.jpg	
督	4	D:\myProject\jiahe\二年\29.jpg	1	Images/督4.jpg	
篤	1	D:\myProject\jiahe\散2\san1\20629.jpg	1	Images/篤1.jpg	
篤	2	D:\myProject\jiahe\散2\san1\20642.jpg	1	Images/篤2.jpg	

最终得到3020个字组字形，1492个去重单字。这样我们就掌握了魏晋南北朝简牍用字的基本情况，可以作进一步的研究与分析了。

第 1 章

魏晋南北朝简牍文与字体问题

第 1 节 字体与影响字体的相关因素

一、关于字体

（一）字体的定义

“字体”这一概念，在很长时间内并没有严格的义界。启功先生说：“所谓字体，即是指文字的形状，它包含两个方面：其一是指文字的组织构造以至它所属的大类型、总风格。例如说某字是象什么形、指什么事，某字是什么形什么声；或者看它是属于‘篆’‘隶’‘草’‘真’‘行’的哪一种。其二是指某一书法家、某一流派的艺术风格。例如说‘欧体’‘颜体’等。”[1]欧体、颜体是两位书法家在书写楷书时所表现出来的各自的独特风格，是书写同一种字体时呈现出的不同风貌。

启功先生这里并不是给“字体”下了定义，而是描述这个术语在历史上使用过程中的实际所指。下面，我们回顾一下“体”在文字领域的使用情况。

第一，“体”表示“文字的组织构造”。例如，称“六书”为“四体二用”，“体”指前四书，即象形、指示、会意、形声，即指汉字构形方法。一般所说的“独体”“合体”“正体”“异体”“俗体”“繁体”“简体”等概念中的“体”也是指结构。

第二，“体”表示所谓“大类型、总风格”。“形”与“体”，通常“形体”并列使用。久而久之，就以为两者是一个东西。其实，相对于具体的“形”，“体”

1 启功，《古代字体论稿》，北京：文物出版社，1999 年，第 1 页

是概括的。正是在这个关系上，启功先生所说的“篆”“隶”“草”“真”“行”，指的就是这种“大类型、总风格”，也就是从“形”与“体”的关系着眼的。就这种意义上的“字体”来说，秦以前没有分类，也就是说没有字体名称。一般所说的“甲骨文”“金文”“楚文字”等，说的也就是它们的“总风格”。只是古人没有给它们的风格起名字，才以载体、地域等属性代称。汉末曾经把战国时期用毛笔写在简册上的文字称“蝌蚪文”，因为这种文字的笔画头粗尾细，形似蝌蚪，这也是一种就风格而言的字体名，后来也有人称之为“说文古文”。

第三，“体”表示“某一书家、某一流派的艺术风格”。以书家而言，如“赵体”“颜体”“柳体”等；以流派而言，如“魏碑体”“仿宋体”等。

从这三种使用情况来看，第一种“表示文字的组织构造”的“体”应称为字形结构，第二、第三种“体”的用法才是“字体风格”。在第二、第三种“体”的用法中，第三种过于微观，偏重于书法分类，纯文字学难以把握，所以文字学所取的“字体”定义，以第二种最为合适。

字体问题是研究汉字发展的主体问题。因为字体历史，就是汉字发展的历史；而且字体问题，是关于汉字学字形结构的理论概括问题。汉字研究分字形结构和字体风格两端。从汉字的识读和使用看，字形结构当然是重要的；而从汉字的历史发展、考证辨识和书写风格来看，字体研究则是汉字学的基本领域。可以说，字形结构是汉字的内在组织、构成方式，而字体风格则是汉字的外在表现形式、总体特征。二者相互制约、相互影响。比如，隶变整体表现为字体的变化，而它带来的是一场深刻的字形结构的变革。也就是说，“由于笔画方折的风格变化，已经影响到某些字的构造变化了”。[2] 可见字体风格对字形结构有着直接的影响，不但研究字型结构的变异离不开字体风格，而且要想把汉字的构形历史梳理清楚，不深入考察字体演变也是难以做到的。

因此，文字学领域内的字体，是指汉字在社会长期书写过程中，由于

2 启功，《古代字体论稿》，北京：文物出版社，1999 年，第 25 页

书写工具、载体、社会风尚等原因，经过演变形成的相对固定的式样特征和体态风格的基本类别。它是一个阶段某种同一风格字群的总称，因而，任何单个的字，都必然属于一种字体。

（二）字体的渐变性

不论是个人书写风格，还是字体类别风格，都会经过一个渐变的过程。启功先生说："风格的变化程度，又常是由细微而显著的。"又说，"一种字体不会是一个朝代突然能创造的""但一个人编一种字书，以及创造一个风格或流派，则是可能的。"[3]这就说明类别风格的形成，是经过众人在较长时间里，在书写用途、工具、载体等诸多客观条件的制约下渐渐形成的；而这种字体的成熟与巩固，却往往是一部字书或一种碑刻将其特点集中体现而成就的。所以，类别风格又常被说成是个人的创建，人们提到小篆时以李斯、许慎为代表，提到隶书则以程邈为标志，正是基于这个原因。

字体形成的渐变说，对汉字史的研究有十分重要的指导意义。例如，在汉字发展史中，大家公认，隶变是古文字向今文字演变的重要环节，但是，古今文字的交界应定在什么时间？有人认为小篆既具有古文字的特点，又有今文字的端倪，应以小篆为古文字的终结。也就是说，秦代是古文字的末代。就隶书形成的时代而言，有战国晚期说、秦代说和汉代说三类。如果用渐变说来衡量古今文字的交界处，以上那些表述，都嫌过于简单。作为一个时代的主流字体，小篆是古文字的结束，隶书是今文字的开端。但是，它们的交接并不是在短时间内完成的，而是有一个较长的过渡期。隶书其实在战国末期即见端倪，经过早期的秦隶，至汉代八分书成熟。篆书与隶书在相当一段时间内并行，以至于有的古文字研究专家认为秦汉之际的"篆隶"，跟小篆是"兄弟"关系，而非此疆彼界的"父子"关系[4]。隶书的初

3 启功，《古代字体论稿》，北京：文物出版社，1999 年，第 3 页

4 曾宪通，《秦至汉初简帛篆隶的整理和研究》，2001 年上海"古文字信息化"国际研讨会发言

期尚含篆意，直至东汉碑刻隶书，尚有一些构件仍是篆体构件，这些现象，都是处于过渡带的表现。

从历史发展的事实看，一种主流字体成熟的时期，往往就是它被另一种字体取代的开端——小篆是篆书的成熟期，已经蕴含被隶书取代的基因；隶书在八分书时代成熟，也正是它被楷书逐渐取代的开始。

因此，我们对古今文字历史分期的表述应该是：自战国晚期到汉代，是篆书作为主流字体向隶书演变的过渡时期，这段时期可称为篆、隶之际，也就是古今文字的交界时段。而从东汉到魏晋南北朝时期，则是隶、楷之际，可称之为“隶楷”字体的时段。两种字体之间，都包含一段相当长的并行过渡时期。

二、影响字体的相关因素

简单来说，在下列条件下，各有不同的字体。即：①时代；②用途，如鼎彝、碑版、书册、信札等；③工具，如笔、刀等；④方法，如笔写、刀刻、范铸等；⑤书手，如写者、刻者；⑥地区。理论上讲，这些条件的不同，都可以带来字体的不同。而同在某一条件下，如加入其他条件时，字体便往往又会发生变异。例如两器同属鼎彝，是用途条件相同，如果加上其他条件的关系，字体即不相同；同一写者所写两件字迹，加上其他条件的关系，亦便互不相同。其余如此类推，变化非常复杂。[5]

根据启功先生的分析，存在如上众多影响字体的因素。下面着重分析载体材质、社会功用以及时代发展对字体的影响。

（一）材质与字体

今天所能见到的历代书法遗迹无不附着于各自不同的物质载体中。如

5 启功，《古代字体论稿》，北京：文物出版社，1999 年，第 4 页

殷商时期文字主要以龟甲兽骨为载体，被称为甲骨文；西周及春秋时期文字主要以青铜器为载体，被称为金文或钟鼎文；战国及秦汉时期文字主要以竹木简为载体，被称为简书。自东汉以后，书写用纸逐渐广泛应用，所以在此之后的文字即以纸类为主要载体，字与纸也就合二是一，不再去迭床架屋称之为“纸文”了。可见，文字体式及书法风格上的变异，往往与不同历史时期的物质载体和表现工具的转换存在密切关联。

殷商时期，崇拜神灵、占卜未来成为社会生活中的重要内容。占卜所采用的材料多为龟甲、兽骨，经过刮削、钻凿，然后烘烤，根据裂痕来预言吉凶。后来，贞人把占卜的情况契刻在甲骨上，就形成了今天所见的甲骨文。甲骨文是以铜刀或其他锐器为表现工具，龟甲兽骨为载体，二者都是很坚硬的物质，契刻时需要用力，因而只宜直划，兼有转折，少见圆转，呈现出化圆为方并简化字形的现象。如第一期“武丁牛胛涂朱刻辞”中“（旬）”“（自）”等字，曲笔都作折角处理。在契刻过程中，笔画起止处由于契刻时锐器入甲骨的深浅略有不同，一般入刀时笔画较浅因而呈现出笔画中部略宽，两端稍尖的风貌。可见文字载体和表现工具的物理性能对汉字结体特征和笔画形态都有直接的制约和影响。

商周青铜器，除了一部分纯实用器物之外，多是带有记功、记事、记名、记词、颂赞等铭文的彝器。这些青铜器上的文字我们称之为“金文”。金文虽因分期有别，书法风格也不尽相同，但就总体而言，结体参差、凝重、谨严，笔画丰润匀称、字形圆转是它们共同的基本特征。之所以金文会表现出这些特点，主要与青铜器铸造技术、工艺过程有直接关系。商周铭文与器形、纹饰同时铸成，青铜器的铸造先要经过塑泥模并雕琢纹饰及铭文，然后经过烧制、浇铸、冷却、磨砺等工序才成。用刀及其他雕刻工具在相对较软的泥胎上雕刻铭文，其笔画相对甲骨文要圆转、均匀、细腻得多，结构也更加严密、恰当。

春秋战国至秦初，文字载体仍较多金属器具和石质碑碣，如战国中山“守丘石刻”及秦“始皇二十六年诏版”等仍是铸刻成字，因其工具和载体与商周无大变化，所以书体也只是篆书本身的发展成熟，最终归于小篆，出现了“会稽刻石”等。

战国至汉以来的文字除见于铸金、刻石之外，从现存出土材料来看，还开始出现在简册、缣帛上。古代文献中曾有“故书之竹帛，传遗后世子孙”[6]及“先王寄理于竹帛”[7]的记载。缣帛作为文字载体出现应在春秋战国之际。缣帛与简册虽然有相当长的一段并存、交叉时期，但缣帛终因价格昂贵始终没独占一个时代成为主要文字载体。缣帛质地柔韧、吸墨性好，因而人们开始使用毛笔以朱或墨直接书写，一改先前先书后契刻、铸造而产生的效果。

从现存出土材料来看，竹木简是汉代文字的主要载体，毛笔是文字的直接表现工具。制作竹简的方法是“裁竹为筒，破以为牒”，然后再经过“杀青”即成。竹简又分篾青和篾黄，所谓“篾青”是指有青皮的一面，另一面则称“篾黄”，文字大都写于“篾黄”面。除以竹制简外，在竹子较少的地区常以白杨木、柳木、松木等色白、质软的木材制简，由此可知所取简条都是易于吸墨的材料。竹木简作为文字载体无疑是一种历史的进步，但也有很大的缺点。最突出的是简册体积大，分量重，携带、运输及翻阅都极为不便。由于这种载体的缺点，人们在书写过程中开始逐渐于一条简片上尽量加大文字容载量，这在一定意义上既减轻了重量，又减少了体积，于是逐渐使字内笔画安排紧密，字间距离缩小。另外，如果简条宽则不易卷捆，所以简条一般形制较窄，如战国末期的天水放马滩日书秦简等，每枚简条宽度一般为0.6厘米左右，因而每条简一般只能写一、两行文字。基于这种情况，要缩小字距，只能压缩上下距离，进而压扁字形，求得在一定长度的简片中写尽量多的文字，从而形成后期简书较多扁方的体势特点，后来发展成为隶书独特的书体结构。在湖南长沙左家公山战国楚墓、河南信阳长台关春秋晚期楚墓、湖北云梦睡虎地秦墓及甘肃武威磨嘴子汉墓等处，随同简片一起出土了毛笔，笔毫弹性较好，制作精良，这种书写工具在用料和制

6 《墨子・明鬼》

7 《韩非子・安危》

作技术上的进步为汉字笔画形态的塑造提供了可能。由于简书笔画间纵向间距缩小，要把字写得舒服只宜向横向发展，在用改良了的毛笔作为直接书写工具的前提下，笔画的波磔开始出现，这就是隶书“蚕头燕尾”的雏形。不仅如此，由于毛笔质量提高，竹木简也有较强的吸墨性，为书写的快捷、流畅提供了可能。在已出土的简书中有很多字出现笔画连带、省简的现象。这就是行书、草书的早期形态。书写较规范、没有明显波磔的简书则是楷书的雏形。至此，汉字的主要书体类型全部出现了。上述情况表明，该时期文字载体和表现工具物理性能的较大改进，促进了书体特征和书法风格的极大变异，使该时期在汉字发展史、书法史等方面都有着十分重要的历史地位。

纸张成为文字的主要载体，真正进入书写实用领域，是在东汉之后。“自古书契多编以竹简，其用缣帛者谓之纸，缣贵而简重，并不便于人。伦乃造意，用树肤、麻头及敝布、渔网以为纸。元兴元年奏上之，帝善其能，自是莫不用焉，故天下咸称‘蔡侯纸’。”[8] 东汉蔡伦总结制作出比较方便实用的“蔡侯纸”，纸张的使用才开始进入到推广阶段[9]，公元 3 世纪至 6 世纪即魏晋南北朝时期才是造纸的发展阶段。考古研究表明，纸张开始并不是作为书写用途出现的。直到西晋时作为书写载体的还是简、纸并用，东晋以降，便不再出现简牍文书，而几乎全是纸质文书了[10]。纸克服了竹木简在体积和重量上的缺点，消除了以往各种书写材料对文字书写活动所造成的种种障碍，从而使书写能够最大限度地顺应字形内部结构的需要，从而获得了空前的自由书写空间，大大提高了书写效率。这种书写趋向，最终所形成的标准字体就是楷书。正是在汉末至魏晋这段纸应用于文字书写的早期阶段，汉字逐步完成了由隶至楷的转换，可见楷书与纸确实具有内在的关联。所以纸作为汉字的主要物质载体被一直沿用至今，而汉字书体也再没有发生大的变革。

由以上书写材料来看，虽然载体与书写工具对字体的变革不能起决定

8 《后汉书 · 蔡伦传》

9 钱存训，《印刷发明前的中国书和文字记录》，北京：印刷工业出版社，1988 年，第 93-94 页

10 潘吉星，《中国造纸技术史稿》，北京：文物出版社，1979 年，第 52-53 页

性作用，但书写介质的便利，确实适应了大量书写的需求，同时在书写实践中加快了字体的变革历程。

（二）社会功用与字体

商代的文字主要是金文和甲骨文。金文铸刻在铜器上，其功用主要是记功、记事、记名、记词、颂赞，是在比较郑重的场合使用的字体。而甲骨文相对金文而言，为了便于契刻，有很多字形上的简省，其用途为占卜吉凶。甲骨文和金文各自的字形又由于时代的早晚或用途的不同而产生差别。一般来说，早期的甲骨文比晚期的更象形；一部分主要用作族名的金文，象形程度显著地高于用于记事的一般金文；族名金文不管是见于早期铜器的，还是见于晚期铜器的，都比早期甲骨文还要象形。这种现象应该是古人对待族名的保守、尊敬态度所造成的。也说明某个汉字的社会功用对其具体形态具有相当的影响。

春秋战国时期，随着经济、政治、文化等方面的巨大变化，文字的使用范围更加广泛，开始扩散到民间。使用文字的人越来越多，势必造成文字形体的剧烈演变。文字的简化、繁化现象严重。而且这一时期，诸侯割据，造成各国文字异形。在春秋时代的各个主要国家中，建立在宗周故地的秦国，是最忠实地继承了西周王朝所用文字传统的国家。进入战国时代，各国俗体文字现象严重，而秦国继承旧传统的正体文字却仍然保持着重要的地位，后来发展成为小篆。六国文字与秦系文字差别很大，六国文字彼此之间也有显著的差别。这一时期文字的发展趋势是线条化、平直化。

秦统一六国以后，规定“书同文字”。秦系文字便成为汉字发展史上上承商周古文字，下启汉魏隶楷文字的一个中间环节，维系着汉字体态演变的高度连续性[11]。小篆形体长方，用笔圆转，结构匀称，笔势瘦劲俊逸，体态典雅宽舒，主要用于官方文书、刻石、刻符等。秦代保存至今的书法

11 刘志基，《汉字体态论》，南宁：广西教育出版社，2000 年，第 319 页

墨迹还有帛书和简书。这些文字基本属于篆隶文字，是民间使用的字体。湖北云梦睡虎地出土的秦简，文字大都属于隶书。但有的字形仍保留篆书的结构，是篆隶递变中的古隶。字形有长方、正方、扁方等变化，笔画浑厚质朴，结构方圆相辅，书法工整端秀。湖南长沙马王堆汉墓出土的帛书，文字有的属于篆隶书，书写年代有的为秦代。这些墨迹大都比较工整。

两汉时期，汉字进入了隶楷阶段，并一直延续到现代[12]。汉代通行的字体大概有三种：①篆书。多用于刻石、刻符以及高级的官方文书和重要仪典的书写，如柩铭、官铸铜器铭文、碑上题额、宫殿砖瓦文字等。②隶书。多用于中级的官方文书和经籍的书写，如天子尺一诏书、一般的经书和碑刻等。隶书是通行的主要字体。③草书。用于低级的官方文书和一般奏牍草稿，如武威的医药简、日忌、杂占诸简。

东汉晚期，在隶体和草书的基础上形成了行书。大约在汉魏之际，又在行书的基础上，加以规整定形，形成了楷书。楷书出现以后，隶书并没有很快就丧失它的地位。经过魏晋时代长达二百年左右的时间，楷书才最终发展成为占统治地位的主要字体[13]。进入魏晋南北朝时期，出现了隶、楷、行几种主要字体并用、发展的现象。规整的隶书主要用于上呈的官方文书，介于隶书、楷书、行书之间的一些字体主要用于一般的官方文书，以及民间使用。这个时期，字体类型的选择，视使用场合的需要而决定。

随着社会生活中人们对文字越来越广泛的使用，文字的发展出现了趋向简单易写、笔画平直、象形程度越来越低的特点。而且针对不同场合、不同需要，使用不同的字体。在较为严肃、庄重的场合，使用社会的正体字，而在普通场合，使用更加简便的俗体字。这里的正体、俗体也是一个相对的概念。如在秦代，隶书只能作为相对于小篆的俗体；而进入汉及魏晋时期，隶书已经成为相对于楷、行的正体文字，应用于正式的公文中。几种通用字体在一段时间内互相影响，长期共存。旧的字体不会因为一种新的字体

12 裘锡圭，《文字学概要》，北京：商务印书馆，1990 年，第 74 页

13 同上

的产生而马上消亡。每一个时代中，字体至少有三大部分，即当时通行的正体字、以前各时代的各种古体字、新兴的新体字或者说俗体字。从字体的用途上亦可看出一种字体在当时的地位，例如草稿、书信，与金石铭文不同。凡一种字体在郑重的用途中，如鼎铭、碑版之类上出现，即是说明这种字体在这时已被认为合法，可以“登大雅之堂”，也就是小孩已长大，不但“胜衣”，而且“加冠”，是成年人，可以与长辈“同席”了。所以秦颂功刻石不用隶字，汉至隋碑刻不用草字，汉代奏章用草书须由特许[14]。

14 启功，《古代字体论稿》，北京：文物出版社，1999 年，第 35 页

第 2 节 隶书与楷书

一、隶书与楷书的定义

什么是隶书？晋卫恒《四体书势》说：“秦既用篆，奏事繁多，篆字难成，即令隶人佐书，曰隶字。”隶书又名佐书、史书、八分，因盛行于汉代，所以又叫汉隶。隶书是由篆书圆转婉通的笔画演变成方折的笔画，字形由修长变为扁方，上下收紧，左右舒展，运笔由缓慢变为短速，从而显示出生动活泼、风格多样的气息，给书写者带来很大的方便。隶书分为秦隶和汉隶。

什么叫楷书？楷是“标准”“整齐”，可以做“楷模”的意思。楷书亦称真书、正书。楷书的意思即是这种字体是人们日常使用的一种标准字体。楷书的本义是一个相对的概念，是别于社会的其他通行的异体字而言的正体字。唐张怀瓘《书断》：“楷者，法也，式也，模也。孔子曰：‘今世行之’，后世以为楷式。”不过，这里所谓的“楷”，还是指“八分”。《法书要录》卷七引唐张怀瓘《书断 · 八分》：“（八分）本谓之楷书。楷者，法也，式也，模也。”传抄六朝《玉篇》的唐抄本《篆隶万象名义》[15]释“楷”为“法也、式也、模也”等项，即源于此。晋卫恒《四体书势》说：“隶书者，篆之捷也。上谷王次仲始作楷法。”关于王次仲的时代，有很多异说。大约是秦至后汉人。在他的时代，隶书是世人用字的楷法，可以说是当时的楷书。古人也有楷篆、楷隶的说法。楷篆指工整的篆书、楷隶指工整的

15 据臧克和《历史汉字的贮存、传播和变异（二）》，《中国文字研究》第 6 辑，2006 年

隶书。如《北史·儒林传下·黎景熙》："其从祖广……常从吏部尚书清河崔宏受字义，又从司徒崔浩学楷篆。"《南史·萧确传》："确字仲正，少骁勇，有文才，尤工楷隶。"

隶书与楷书在很长一段历史时间中，是一对经常被混用的概念。并不是我们今天所指的两种有明显风格特点的不同书体。

晋唐之际，人们多将楷书称为隶书。《晋书·王羲之传》称王羲之"善隶，为古今之冠"。其实，王羲之所擅长的是楷书，而非隶书。张怀瓘《书断》曰："汉陈遵善隶书，与人尺牍，主皆藏之以为荣。此其开创隶书之善也。尔后，钟元常、王逸少多造其极。"这里所谓"隶书"，亦即楷书。而八分书也常被称为楷书，庄绶绅《释书名》："王愔《文字志》古书三十六种，有楷书而无八分；《初学记》引萧子良《古文篆隶文体》亦有楷书而无八分；《玉海》引《墨薮》五十六种书，有程邈隶书，王次仲八分，而无楷书，明八分与楷，异名同实也。"晋卫恒《六体书论》："隶书者，程邈造也。字皆真正，曰真书，大率真书如立，行书如行，草书如走，其于举趣盖有殊焉。夫学草行分不一二，天下老幼悉习真书，而罕能至，其最难也。"这里的真书实指隶书。

到了隋唐，虽然真正意义上的楷书已经成熟定形，但人们仍然沿用"隶书"的称谓。直到宋代，楷书才用来专指唐代楷体及唐以前的真书，即我们今天所指的楷书。

二、隶书与楷书发展史略

（一）隶书发展史略

隶书是在战国时代秦国文字俗体的基础上逐渐形成的。与战国时代其他各国的文字相比，秦国文字显得比较保守，较好地继承了小篆的文字结构。但是秦国人在日常使用文字的时候，为了书写的方便也在不断破坏、改造正体的字形，由此产生了秦国文字的俗体，这就是隶书形成的基础。秦简及西汉早期的隶书可以称为早期隶书，也被称为“秦隶”“古隶”“篆隶”等。因为这一时期的文字有很多字的写法仍然接近于正规的篆文，或者有些字虽然已经有了与成熟的隶书相同或相似的写法，但同时仍然使用接近正规篆文的写法。从笔势上来说，秦隶没有明显的波挑、波磔，与后期的汉隶有较为明显的不同之处。在这个时期，小篆是主要字体，隶书只是一种新兴的辅助字体，社会地位很低。“隶书”这个名称就表示了它的身份，以“施之于徒隶”（《汉书·艺文志》）、“令隶人佐书”（《晋书·卫恒传》）而得名。总之，隶书被上层统治阶级认为是不登大雅之堂的字体。秦代统治者允许官府用隶书来处理日常事务，是由于公务繁重，迫于形势不得不然，并不是说明他们喜欢或重视这种字体，在比较庄重的场合，一般是不用隶书的。

西汉武帝时代至东汉时期可以看作是隶书的发展成熟阶段。这时的隶书形体由长方趋向扁宽，由纵势转向横势，笔画趋于工整，且略呈微波起伏之势，书法家用来形容隶书书法特点的“挑法”“波势”“波磔”等笔法，在这一时期已经基本形成。具备这些特点的隶书也被称为汉隶。汉隶也称“八分”，这个名词是汉末才有的。许慎《说文解字序》说：“秦书八体：大篆、小篆、刻符、虫书、摹印、署书、殳书、隶书。”《汉书·艺文志》记载：“汉书六体：古文、奇字、篆书、隶书、缪书、虫书。”可见，在汉以前只有隶书，没有八分。“八分”始见于宋周越《古今书苑》载蔡文姬的话：“臣父造八分，割程隶八分取二分，割李篆二分取八分。”这时的隶书用笔技巧更加丰富，在波挑中充分发挥笔毫的变化，提按顿挫、起笔止笔，表现出“蚕头燕尾”的笔势特色。结构上的疏密变化、点画的呼应，更加呈现出隶书复杂多变的特点，而风格也更为多样。八分可以说是最成熟形态的隶书。

到东汉末年，由于过分追求形式和装饰性，波挑矫揉造作，而结构板滞，缺乏生趣，于是开始走下坡路。这种趋势到魏晋时代更甚，于是隶书的衰落成了必然的趋势。

在字体结构上，隶书也对篆书进行了极大的变革。主要表现在以下几个方面：

1. 笔画。隶书把篆书“随体诘诎”的线条分解或改变成平直的笔画，抛弃了古文字一直保持着的象形原则。

2．省并。隶书往往把篆文的两笔变为一笔，或者是把两个以上的偏旁或偏旁所包含的部分合并起来，改成较简单的笔画结构。

3．省略。隶书有时直接省略去篆文字形的一部分。

4．偏旁变形。在篆文里，一个字用作偏旁时的写法，通常跟独立成字时没有明显的区别。在隶书里，独立成字和用作偏旁的写法明显不同的情况经常可以看到。例如“人”用作偏旁的时候作“亻”。

5．偏旁混同。隶书为求方便，把某些生僻的或笔画较多的偏旁，改成形状相近、笔画较少又比较常见的偏旁。[16]

隶书上承篆书，下启楷书，在我国文字和书法发展史上有很重要的地位。隶书的出现是一个极其重要的转折，开启了汉字发展的今文字时代，是我国汉字演变中的一次重大变革。

（二）楷书发展史略

楷书产生于东汉，盛行于魏晋南北朝，定形于隋唐，一直沿用至今。

楷书由汉隶经演变而形成。大约在东汉中期，从日常使用的隶书里演变出一种与八分有明显区别的比较简便的俗体，这种俗体隶书在很大程度上抛弃了收笔时上挑的笔法，同时还接受了草书的影响，呈现出由八分向楷书过渡的面貌。这样的字体介于隶书和草书之间，又比行书略显古拙，可以算作是早期的行书，也可以看作是较为草率的新隶体。

楷书在南朝梁时已成社会用字的正体，所以才有奉敕编撰于武帝时、进呈于简文帝时的《玉篇》。作者顾野王在《上〈玉篇〉启》中称：“总会众篇，校雠群籍，以成一字之制，文字之训备矣。”所谓“成一字之制”，谓让楷书一统文字之天下也。“楷书”的名称殆产生于此时。[17]

16 裘锡圭，《文字学概要》，北京：商务印书馆，1990 年，第 82 页

17 参见张其昀，《汉字学基础》，北京：中国社会科学出版社，2005 年，第 258 页

尽管楷书在魏晋之际就已经形成，但是在整个魏晋时代，使用楷书的人却一直是相当少的，使用者多是一些文人学士。当时一般人所用的仍然是汉隶或介于汉隶和早期行书之间的字体。我们今天所能见到的魏晋简纸上一般使用的字体，除了行书、草书之外，几乎都是这样的字体。

隋代首开科举，唐承隋制。唐代采取“明经帖试”的考试方法，促使儒家经典的整理统一。科举用字必须规范，既包括结构规范，也包括书体方面。唐代兴字样之学，有《干禄字书》《五经文字》等著作，于“举子所资”（《直斋书录解题 · 干禄字书》）之外，还有正字的作用。至于《开成石经》的刊布，正字法的意义更是显著。而唐代的这些官修字书，皆以楷书为正宗，从而使得楷书成为地位不可动摇的一种书体。在唐代，“楷书”已经被用来指称我们今天所说的楷书了，宋代以后，就成为我们所说的楷书的专称了。

我们知道的最早的楷书书法家是钟繇。钟繇善三种书体，南朝宋代的羊欣在《采古来能书人名》中说：“钟书有三体：一曰铭石之书，最妙者也。二曰章程书，传秘书，教小学者也。三曰行狎书，相闻者也。”章程两字的合音，就是“正”字（平声），后世把章程书读快了，就变成正书，又变成真书，也就是我们今天所说的楷书。[18] 行狎书也作行押书，就是我们今天所言的行书。可见钟繇善作楷书与行书，钟繇的行书较之他人有所不同，卫恒《隶书势》说钟繇、胡昭两家的行书“俱学之于刘德升，而钟氏小异”，这里所言的小异应该就是指钟氏的行书比较接近于楷书。

从总的体势来看，隶书多呈平扁，楷书则多为长方，因而隶书章法多取直行横势，楷书章法多取直行纵势。其次，楷书的结体法则要比隶书紧密，而且基本点画形态也比隶书丰富，用笔变化也多，基本笔画的个体特征都比隶书鲜明。隶书除了波磔、捺、点具有较为突出的特点外，其他笔画依然不同程度地沿用篆书的线条形态，只不过把篆书的圆润变为方折。楷书的笔画则完全脱离了篆书的线条形态，依赖毛笔的锋芒和书法家多种用笔

18 参见唐兰，《中国文字学》，上海：上海古籍出版社，2001 年，第 154 页

方法，形成各自迥然不同而又能彼此配合适宜的形态。所以从字体演变的历史过程来看，虽然隶书的形成是汉字由线条结构变为点画结构的标志，但是汉字点画结构的典型不是隶书而是楷书。楷书端庄工整，比隶书便于书写，所以，从魏晋一直到现在楷书一直保持着它的正统地位，成为一千多年来汉字字体的大宗。

第 3 节 魏晋南北朝简牍文与“隶楷”字体

楼兰、敦煌出土的简牍及本书涉及的少量缣纸材料所呈现出来的字体风格是多样的，包括隶书、章草、草书、行书和楷书等字形。这其中有很多字样是处于隶楷与行楷过渡状态下，一字当中有些笔画的写法属于某种字体，有些笔画的写法属于另一种字体，或者采用某种字体的书写方法，却还保留着另一种字体的结构特点。这批材料的文献类型也十分广泛，包括官方文书、历法的纪录、古籍的抄写、个人书信和习字帖等，不同的文献使用场合，书体讲究也有差别。另外，书写者也涵盖了官吏、普通文人，基本反映了当时社会的用字情况。

走马楼吴简早于敦煌、楼兰简牍，且数量巨大，形体丰富多样，书体也有隶书、草书、章草、行书和楷书多种。虽然简牍的书写皆出自中下层官曹、隶卒之手，与钟繇等名家的书法有天壤之别，却代表了这一时期社会通行的书写风格和水平。它比起传世的三国碑刻及后世临摹的书迹，更为真实地再现了那个时代的书法状态。

“汉字字体的风格确有它模糊朦胧的一面，需要综合的意会而难以言传，穷尽性地分析其属性，精确衡量其长短固不可为，但可以用提取特征的方法来达到区别它们、给它们分类的目的[19]。”王宁总结启功《汉字字体论稿》的操作分析方法，将字体风格概括为以下几个可以实际操作的重要属性。

1. 笔势。就是完成一个单笔画行笔的过程，特征主要表现在入笔和收笔的笔锋上。

---

19 王宁，《汉字字体研究的新突破——重读启功先生的〈古代字体论稿〉》，《三峡大学学报》（人文社会科学版），2001 年第 3 期

2．笔态。就是完成以后单笔画的姿态，可将笔画分解为头、胸、肚、尾四部分，特征主要表现在肥细和均匀度上。

3．笔意。也就是整个单字表现意义的形式。分图画性强和图案性强两类，又可以分为隆重的雅体和简约的俗体两种风度。

4．结字。也就是整个单字笔画与部件的组合布局的状况。它的特征主要表现在疏密、匀称与否和重心三个方面。

5．转折。也就是接笔与折笔转折处的轨迹。它的特征主要表现在圆转和方折上。

6．行气。也就是字与字之间的连接状态。走向上分为横行气和纵行气两类；连断的情状上分为独立与牵连两种。[20]

这六种属性可以看作是区别字体风格的基本框架，可以用来描写字体的风格。下面尝试从这些角度描写魏晋南北朝简牍文字的字体面貌。

一、笔画层面

（一）隶书与楷书的笔画特征

关于楷书的写法，很早就有"永字八法"的说法。《永字八法》见于《书苑菁华》第二卷，作者已不详。"八法者，'永'字八画是也。一，点为侧。二，横为勒。三，竖为努。四，挑为趯。五，左上为策。六，左下为掠。七，右上为啄。八，右下为磔。……侧不得平其笔，当侧笔就右为之。夫侧锋顾右，借势而侧之，从劲轻揭潜出，务于勒也……勒不得卧其笔，中高两头下，以笔心压之。夫勒，笔锋似及于纸，须微进仰策峻趯……努不宜直其笔，笔直则无力，立笔左偃而下，最须有力。夫努须侧锋顾右潜趯，轻挫其揭……趯须蹲锋，得势而出，出则暗收。夫趯自努出，潜锋轻挫，借势而趯之……侧须斫笔，背发而仰收，则背斫仰策也，两头高，中以笔心举之。夫策笔

20 王宁，《汉字字体研究的新突破——重读启功先生的〈古代字体论稿〉》，《三峡大学学报》（人文社会科学版），2001 年第 3 期

仰锋竖趯，微劲借势，峻顾于掠也……掠者拂掠须迅，其锋左出而欲利，又云微曲而下，笔心至卷处……啄者如禽之琢物也，立笔下罨，许疾为胜，又云形似鸟兽卧斫斜发。夫笔锋及纸为啄，在潜劲而啄之……磔者不徐不疾，战而去欲卷，复驻而去之。又云趯笔战行，翻笔转下，而出笔磔之。夫磔法笔锋须趯，势欲险而涩，得势而轻揭暗收存势，候其势尽而磔之。”

“永字八法”将楷书分为八种笔画，详细地分析了每种笔画的形态及运笔的方法，但这是从书法角度出发的，不是文字学意义上的笔画。文字学领域的笔画是从汉字形体中归纳出来的最基本的书写单位。笔画的分类主要有三方面的依据，即线路、方向和笔势。线路是指书写笔画时的运行轨迹，方向是指书写笔画时的运动趋向，笔势是指笔画书写完成后所呈现的态势。一般将隶定以后的汉字分为以下几种笔画类型：横、竖、撇、捺、提、折、点、钩。

我们先分别看一下标准的隶书与楷书阶段的笔画特点。

隶书的横笔分平横和波横两种，平横较短，粗细相当，波横较长，一波三折。隶书中一个很重要的特点是“蚕头燕尾”，“蚕头”是指逆锋起笔，“燕尾”是指收笔时要回锋上提。这个特点在波横中运用最为明显。楷书的横笔是先竖向下再横向右上方运行，在末端顿笔回锋向左下提出；楷书注重提按原则，横笔的两端重中间轻。

隶书的竖笔是把横笔从左至右的方向改变成从上到下的方向。同样是逆锋起笔，收笔时回锋或渐提，形成长垂笔。楷书的竖笔起笔处为方形，收笔处为悬针形收尾，呈渐弱状。

隶书的撇笔是隶书的主要特征之一。撇笔的落笔与书画相似，收笔方法是提笔后缓缓送出，隶书的撇笔分直撇和斜撇两种，直撇先竖后向左下撇出，竖钩是直撇的一种表现方法，斜撇由于倾斜的角度不一，会呈现多种姿态。隶书撇笔的变化就在于收笔处。楷书的撇笔大约45度角画出，向左下方运行，头部最粗，胸、肚、尾部运笔越来越轻，越来越细。

捺笔在隶书中往往起到主笔的作用，有时与撇笔相呼应，共同构成隶书的风格特征。有时独立成笔，起到稳定一个字重心的作用。捺笔的用笔也是一波三折，在捺笔不与其他笔画相接时，捺头与捺脚也呈蚕头燕尾状。

提笔是楷书中所特有的笔形，在楷书中写作提的笔画在隶书中通常都写作短横，提笔就是由横笔演变而来的，运笔方向自左下向右上，多用于左偏旁的最后一笔，这样的运笔方法减少了人们书写时的时间，而且便于继续书写右部的构件，也增加了与其他笔画之间的呼应。

隶书中的折笔分为方笔和圆笔。呈现方硬棱角的为方笔，呈现圆转的弧形、圆劲而不露筋骨的为圆笔。楷书中的折角较为方正、尖锐，但经常出现很多变体，如将一笔写成的折笔分为两笔来处理，或者直接省略一部分，使其变成横或竖。

隶书中的点笔常写作一短横，且有向上挑的波脚，至楷书中已经变为明显的自左上至右下的笔画，且变收笔时的上挑为向下收笔。

钩笔也是楷书中所特有的笔形，隶书中只有长弯钩，确切地说更像一个弯笔，而不是钩。到楷书中已经演变成真正的硬钩。

（二）魏晋南北朝简牍文字的笔画特征

以上粗略地分析了标准的隶书、楷书中的笔画特点，下面结合实际字形来分析魏晋南北朝时期出现在简牍材料上文字的笔画特点。

1．横

横是无曲、无折、无断的左右平放的笔画。

横应该是最早成熟的笔画之一，但是在魏晋时期的简牍上横笔还是表现出一些与标准楷字不同而又有别于隶字的一些特征，夹杂着一些应该演变成其他笔画而尚未演变的成分。

横不是表现出左右平放的状态，而是呈现出左低右高或是左高右低的笔势，如“皇”写作（流沙坠简 · 戍役类 6 · 20223）[21]、“上”写作（流沙坠简 · 簿书类 50 · 20161）、“下”写作（孔纸 4 · 20632）等。

21 括号内为该字形的出处，先标注原整理者的整理编号，后一编号为该简牍在魏晋南北朝简牍文字数据库内的编号

魏晋南北朝时期出土材料中有些横笔实际是两点的连写，已经表现出行书连写的一些意味。如“部”写作（流沙坠简·簿书类37·20148）、“鄧”写作（嘉禾四年454·40454）、“金”写作（嘉禾五年571·50571）等。同时也有写作两点的字样，如“部”写作（流沙坠简·廪给类16·20264）、“鄧”写作（嘉禾五年752·50752）、“金”写作（流沙坠简·簿书类5·20114）等。

还有的横是一撇与一捺的连写，或者说是简写，如“谷”写作（嘉禾四年380·40380）、“俗”写作（嘉禾五年104·50104）、“欲”写作（孔纸11b·20654），但同时也有写作一撇一捺的字样出现，如“谷”写作（流沙坠简·烽燧类22·20195）、“欲”写作（孔纸19.1·20679）。

还出现撇笔与横笔的混用现象，如“玕”写作（流沙坠简·简牍遗文33·20525）、（流沙坠简·简牍遗文30·20522），“壬”写作(嘉禾五年235·50235)、(流沙坠简·干支谱3·20088)等。“壬”的第一个字样还可以看出运笔的方向是从右至左，符合撇的运笔方向，但第二个字样，基本看不出运笔的方向，且乍看像“王”字，要从上下文才可以分辨出是“壬”而非“王”。这是一条记载干支的木简，木简上书有“辛酉 壬戌 癸亥”，同组还有另外两条木简，上面也有相似的内容。再如“頭”写作（流沙坠简·简牍遗文53·20545）、（孔木108·20919）等。

在这一时期大部分横的长短还不固定，横笔的长短还没有区别意义的作用。如后世写作“士”的字或构件，在这一时期都写作“土”，而为了使“士”“土”有所区别，又在“土”的旁边多加一点笔作（孔纸12·20655）。如“吉”写作（流沙坠简·烽燧类19·20192）、“桔”写作（流沙坠简·器物类75·20369）、“嘉”写作（嘉禾四年176·40176）。“嘉”是在走马楼吴简中使用频率相当高的一个字，作为年号“嘉禾”，出现在很多有时间纪录的简牍上，但所有的字样都是以“土”为构件，从未出现过后世楷字所用的构件“士”。再如“租”写作（嘉禾四年463·40463），这里的横的长短改变了构件的组合方式。这说明横

的长短在这个时期还没有固定，没有像后世楷定的汉字那样用某些横的长短来区别汉字。

“箭”在魏晋南北朝时期常常写作“葥”，这是由于竹与草的意义相近，所以可以构件互换。这时的“艹”有的写作一个长横，有的写作两个短横，也就是说一些处在同一水平位置的短横，为了书写的方便、快捷，有时会将两个短横连写成一个长横。如“箭”写作（孔木 104 背 · 20915）、（侯木 LBT：023 · 21203）。又如“苦”写作（流沙坠简 · 简牍遗文 49 · 20541）、（孔纸 7 · 20639）等。由这些字样我们大致可以看出：短横的存在，不同于标准楷书的写法，而是继承了隶书乃至小篆的写法，但整个字样的笔势却已摆脱了隶书的格局。

由以上字形可以看出，横笔在魏晋南北朝时期已经形成，但形态还不固定，既会呈现出隶书乃至小篆的形态，又会呈现出楷书的形态，更多的是介于隶书、楷书之间的形态。运笔的方向、笔画的长短都不确定，笔画的长短也不具区别字形的作用，还会出现与其他笔画形态混用的情况。

2．竖

竖是无曲、无折、无断的上下直放的笔画。

竖画也是较早成熟的笔画之一。但这一时期作为“隶楷”字的竖笔有些还不成熟，还带有曲折，如“工”写作（流沙坠简 · 廪给类 28 · 20276），这枚简牍所记载的内容为“消工郭受”，这里的“消”实为“削”的借用字，“削工”即为治刀剑室者[22]。由此可知，此字形确为“工”。

还有一些竖笔不是保持上下直放，而是更像撇的笔势，从竖的下半部分开始往左撇出，像隶书的笔势。如“間”写作（流沙坠简 · 简牍遗文 48 · 20540），也有写作竖直的竖笔用例，如（流沙坠简 · 简牍遗文 41 · 20533）。

在魏晋南北朝时期的文字中还有一些没有最终演化为点的短竖笔，如

22 罗振玉、王国维，《流沙坠简》，北京：中华书局，1993 年，第 164 页

“母”写作（竹简 9299 · 30892），字中的两点连写作一竖，与“毋”混同。这些较易混淆的字样要靠上下文来判断其意义，如嘉禾竹简 9299 条记录“母大女，妾，年六十四”，可知此处为“母”而非“毋”。在这批材料中同时也有写作两点的“母”字存在，如（孔纸 28.11 · 20766）。

“刀”在字的右边作构件时，隶书中写作一短横和一竖钩，即；楷书演化为一短竖与一竖钩，即“刂”。魏晋南北朝时期的简牍文字中，两种形态都有使用。如“别”写作（嘉禾四年 1 · 40001）、也写作（流沙坠简 · 简牍遗文 58 · 20550），“列”写作（嘉禾四年 1 · 40001）、也写作（竹简 375 · 30802），“前”写作（流沙坠简 · 器物类 75 · 20369）、也写作（流沙坠简 · 简牍遗文 37 · 20529）等。

个别字的竖笔尾端会带一向上的钩，写成竖钩，这在隶书中是没有的现象。如“東”写作（流沙坠简 · 简牍遗文 49 · 20541）、“勅”写作（流沙坠简 · 烽燧类 2 · 20175）等。这些竖笔变化的原因，是为了与下一笔取得呼应，在书写的过程中顺笔带出来的。这种变化，有可能是受同时期行书的影响。

由以上字形可以看出，此时期的竖笔形态也还没有确定，有的带有曲折，有的介于隶书与楷书的形态之间，有的还受行书的影响。

3．撇

撇是由右上向左下的笔画。

撇大致可以分为横撇和竖撇两大类。横撇是斜度较小的撇，因为形态接近于横，故称横撇，如“帛”“血”中的第一笔；竖撇是斜度较大的撇，因为形态接近于竖，故称竖撇，如“有”“尹”。

与隶书相比，楷书的撇在形体上有了很大的变化，隶书中的撇讲究“蚕头燕尾”，收笔处明显相对于起笔处粗壮，这种样式是刻意书写的结果。楷书的撇，起笔较粗，然后逐渐变细，至收笔处呈现出细尖状，这种样式更符合书写的笔势特点。

这时的竖撇形态还不是很成熟，有的竖撇上还多出一折，如“布”写作（嘉禾四年 165 · 40165）、“若”写作（孔纸 10b · 20652）、“琱”写作（嘉禾五年 359 · 50359）、“有”写作（嘉禾四年 165 · 40165）等。还有的竖撇写作竖，如“款”写作（流沙坠简 · 简牍遗文 58 · 20550）、“飮”写作（流沙坠简 · 术数类 · 20109）、“尹”写作（孔纸 4 · 20632）等。

有的横撇写作点，如“帛”写作（嘉禾五年 433 · 50433）、“弟”写作（孔纸 34.1 · 20802）、“具”写作（流沙坠简 · 简牍遗文 44 · 20536）、“顏”写作（嘉禾五年 791 · 50791）等；有的横撇写作横，如“血”写作（流沙坠简 · 方技类 · 20102）、“北”写作（流沙坠简 · 杂事类 3 · 20378）等。

一些与横相接的短撇，还没有完全定形，具有短撇和点两种写法，如“無”写作（流沙坠简 · 简牍遗文 72 · 20564）、也写作（孔纸 17.1 · 20670），“復”写作（流沙坠简 · 简牍遗文 58 · 20550）、也写作（流沙坠简 · 简牍遗文 49 · 20541）等。

魏晋南北朝时期社会实物用字中撇笔还常常被省写掉，如“卑”写作（孔纸 15.3 · 20666）、也写作（流沙坠简 · 廪给类 28 · 20276）；“瑰”写作（流沙坠简 · 简牍遗文 29 · 20521）、“愧”写作（孔纸 22.7 · 20711）等，还保留了隶书的写法。这些字样的隶书写法大多没有撇。

“人”在左部作为构件的时候通常写作“亻”，这时“人”上的撇的写法还没有固定下来，常写作“丨”，如“備”写作（孔纸 4 · 20632）、也写作（孔纸 17.2 · 20672），“付”写作（嘉禾五年 11 · 50011）、也写作（嘉禾四年 216 · 40216）等。这样的写法也有可能是吸收了行书的写法，使书写的速度加快。

撇的位置、长短经常也不固定，如“第”写作（流沙坠简 · 急就篇第一 · 20046）、也写作（流沙坠简 · 烽燧类 7 · 20180），“及”写作（孔纸 19.3 · 20681）、也写作（流沙坠简 · 簿书类 56 · 20167），“令少仲出錢三千及死馬骨肉付循請平”，这里记录的是汉时的刑律，如果对人、畜有所伤害，要进行赔付，这里要赔付牲畜价钱

的三分之一并将死马的尸体还付主人，这里的“循”即是马的主人。再如“角”写作（嘉禾五年 300 · 50300）、也写作（流沙坠简 · 急就篇第十 · 20050）等。撇与相邻的横笔有时呈现为撇笔的一端与横笔的一端相接的状态，有时呈现为横笔与撇笔的中间位置相接的状态。

还有一些字样是竖笔下紧接一撇笔，这些字样中与竖相接的撇直接将竖省略，只写作一较长的撇，如“黄”写作（流沙坠简 · 方技类 · 20101）、“界”写作（流沙坠简 · 烽燧类 45 · 20217）等。这样的写法，可能是出于书写简便快捷的目的。

从以上字形可以看出，撇的形态在此时也较为随意，由于此时书写工具已经是毛笔，书写较为便捷，有些撇笔已经与其他相近的笔画进行连写、省写，表现出行书的意味。

4．捺

捺是自左上向右下的笔画。

隶书与楷书的捺笔在形制上没有太大的变化，重笔都在笔画的结尾处，只是隶书的捺往往略向右上取势，而楷书的捺则基本上是向右取势。但在数量上，楷书的捺要比隶书中少得多，因为隶书中的短捺到楷书中很多都变成了点，如“共”“兵”“貝”“頁”的最后一笔。很多字在作为构件时，都将最后的捺笔变为点。如“木”“示”“衣”等作构件时都写作“木”“礻”“衤”。

捺的运笔方向是自左上向右下，但魏晋时期的捺笔的方向还不固定，有时与提相同，自左下向右上。如“各”写作（孔纸 4 · 20632）、也写作（流沙坠简 · 器物类 47 · 20341）等。

隶书中的很多捺到成熟的楷书阶段已经变成了点，在魏晋时期的用字中，出现了大量的点、捺混用现象。有些在楷字中没有演变为点笔的捺，在这一时期也写作点；有些楷书、隶书中都作捺的笔在这一时期有时也写作点。如“共”写作（孔纸 20.2 · 20689）、也写作（流沙坠简 · 简牍遗文 · 20532），“故”写作（孔纸 4 · 20632）、也写作

（流沙坠简 · 器物类 69 · 20363），“刃”写作（流沙坠简 · 器物类 74 · 20368）、也写作（孔纸 11 · 20653），“宋”写作（流沙坠简 · 简牍遗文 30 · 20522）、也写作（孔纸 34.1 · 20802）等。

由以上字形可以看出，捺笔的形态也没有固定，有的捺笔呈现出标准的隶书形态，有的则呈现出标准的楷书形态。但出现在最后一笔的捺常常与点笔混用。

5．折

折是方向变化的相连笔画。

折画是由不同的单笔画复合而成的，如横与竖复合成的“㇕”、横与钩复合成的“乛”，再如“乙”也是广义的折画。

折笔这一形态在魏晋时期还不是十分稳定，经常表现为将折所包含的单笔画分开书写。如“度”写作（流沙坠简 · 烽燧类 37 · 21217），“謹”写作（孔纸 14.2 · 20663）、也写作（流沙坠简 · 廪给类 27 · 20275），“敢”写作（流沙坠简 · 简牍遗文 43 · 20535）、也写作（流沙坠简 · 簿书类 17 · 20128）等。都将折笔进行了拆分重组，“敢”将折笔有时写作一横一竖，有时直接写成两横笔，而将竖笔省略掉。

“今”，小篆作，末笔书写时自右向左，再圆转向下，基本相当于后来的折笔。但由于今文字中没有自右向左书写的笔画，隶变后就将折笔拆成横竖两笔，魏晋时期的用字就继承了这样的写法，有的竖笔与横的中间位置相接，写作（流沙坠简 · 戍役类 7 · 20224），有的竖笔与横的右端相接，写作（流沙坠简 · 简牍遗文 64 · 20556）。此外，还出现了将一横一竖写作两竖的写法，如（孔纸 1 · 20627）。在魏晋时期的材料中，还没有出现写作折的字样。

“今”作为构件出现时，情况又发生了变化：折笔又演化为另外的形态，有时将折笔演化为两平行的横笔。例如“念”写作（流沙坠简 · 简牍遗文 43 · 20535），这可能是出于对整个字形的结构安排的考虑，如果写成两竖笔，则整个字会显得太狭长。有时还将折笔写作“工”字（流沙

坠简・简牍遗文 44・20536），有时将“工”的一横一竖写作折笔，（流沙坠简・简牍遗文 72・20564）。

还有一些字样将折笔直接省略，写作两个平行的横笔。如“降”写作（流沙坠简・杂事类 45・20419），“降”字也有折笔出现的字样，如（流沙坠简・简牍遗文 58・20550）。

还有将折笔写成相交的两笔，如“成”写作（流沙坠简・杂事类 73・20446）、“城”写作（嘉禾四年 174・40174）、“五”写作（流沙坠简・簿书类 41・20152），同时也有写成折笔的字样出现，如（流沙坠简・廪给类 4・20252）、（流沙坠简・简牍遗文 44・20536）、（嘉禾四年 432・40432）等。

从上面的现象我们可以看出，魏晋时期折笔还没有形成很成熟的形态。同时，也出现了一些后代的楷字不作折的笔画，而在此时写作折的字。如“當”写作（流沙坠简・简牍遗文 22・20515），将本是竖直的笔画变成了折笔，“長”写作（流沙坠简・器物类 64・20358），将末两笔撇和捺合并成一折笔，这大概也是出于书写快捷的原因。“石”写作（嘉禾五年 185・50185）、“碭”写作（嘉禾五年 957・50957）、“枚”写作（竹简 8298・30886），将相接的横、撇两笔连接成一折笔，这可能是受了行书的影响。“斤”写作（流沙坠简・廪给类 25・20273）、“近”写作（流沙坠简・简牍遗文 6・20499），“斤”将相接的横笔与竖笔写作折，是出于便捷，但是“近”改写成折笔，却违反人们的书写习惯，所以这样的字形就被淘汰了。“烧”写作（孔纸 25.1・20738）、“煌”写作（孔纸 27.8・20754），都将“火”相连的两笔写作一折笔。“蜡”写作（孔纸 34.1・20802）、“牛”写作（流沙坠简・器物类 101・20473），也都在字形中加入了折笔，还保留了隶书的书写方式，而这些笔画是在楷书中已经不存在的。

从以上字形可以看出，现代楷书中使用的折笔形态在魏晋南北朝时期的简牍材料中出现得很少。存在一些将相邻笔画连写而成的折笔，有些是便于书写的，有些违背人们书写习惯的字形被后世所淘汰。

6．点

点是不足以构成横、竖、撇、捺、提的小短笔。

点是最富于变化的一种笔画，《续书谱》：“点者，字之眉目。全借顾盼精神，有向有背，随字异形。”书法学中对点的形态分得非常细致，《法书通释・名称篇》就把点分为23类，即：蹲鸱、旱蚁、鹗口、鼠矢、栗子、柳叶、蝌蚪、瓜瓣、丁头、打点、散水、隔水、烈火、联飞、衮笔、暗筑、显异、奋笔、曾头、其脚、横波、直波、雁阵。文字学上对点的区分虽然没有这么详细，但也还有横点和竖点、长点和短点的区别。横点和竖点是针对隶书来说的，标准楷书则加以规范，将它们统一为“八法”中的“侧”。[23]

魏晋时期的点还经常写作短横或短竖，如“户”写作（嘉禾四年165・40165），“户”是走马楼吴简中出现频率相当高的一个字，在这批材料中所有“户”上的点均作短横甚至长横，如（嘉禾五年1027・51027），而没有出现写作点的字样。再如“庫”写作（嘉禾四年443・40443）、“主”写作（流沙坠简・方技类・20101），“令”写作（流沙坠简・簿书类4・20119）、也写作（流沙坠简・簿书类5・20116）等。有时两个点或四个点也会连写作一横笔，如“會”写作（竹简1145・30814）、“黑”写作（嘉禾四年55・40055）、“馳”写作（流沙坠简・简牍遗文96・20468）等，有时两个点可以连写作一竖，如“海”写作（流沙坠简・廪给类36・20284）、“母”写作（竹简9299・30892）等。

横上的点画在这批文字材料中往往写作介于短竖和点之间的样子，还常将横上的点与横下的竖笔连写作一笔来写，如“方”写作（嘉禾四年204・40204）、（流沙坠简・吉凶宜忌残简・20090），这里的“方”字，与横下方的笔画相连，与“才”字很相似，须根据上下文才能断定是“方”字。《流沙坠简・吉凶宜忌残简》的简文作“正月大时在东方”。再如“文”作（嘉禾五年11・50011）、“主”作（流沙坠简・烽燧类6・20179）等。

23 参看王立军，《宋代雕版楷书构形系统研究》，上海：上海教育出版社，2003年，第55页

“火”在下部作构件时，通常演化为“灬”或变中间两点为平行两竖的形态，如“赤”的下部，而在这一时期的文献用字中，却有时把平行的两竖笔写成相交状，如“赤”写（流沙坠简・急就篇第一・20042）。

点的方向也不固定，相向与相背不定，如“常”写作（嘉禾五年1060・51060）、也写作（嘉禾四年300・40300），“米”写作（嘉禾五年1029・51029），“平”写作（孔纸4・20632）等。

点的省略和繁冗也是魏晋时期用字的一个特点，许多原本没有点的字，常被加上点，还有一些本来有点的字，省去点的写法比不省的写法出现频率还要高。如“代”写作（孔纸4・20632）、“官”写作（嘉禾四年453・40453）、“国”写作（流沙坠简・简牍遗文49・20541）、“求”写作（流沙坠简・简牍遗文48・20540）、“宜”写作（孔纸18.3・20675）、“君”写作（流沙坠简・杂事类88・20460）、“麦”写作（流沙坠简・廪给类13・20261）等。

点的位置也有不固定的现象，如“玉”中的点，有时出现在一、二横笔之间，有时出现在二、三横笔之间，如（流沙坠简・简牍遗文79・20571）、（流沙坠简・烽燧类22・20195）。

由以上字形可以看出，点笔的形态、数量、位置在这一时期还是不固定的，还会出现被省写或被多加的情况。

7．钩

钩笔是与横笔或竖笔相接的短竖或点，是一种复合笔画。有些人将钩笔归入折笔。钩可以分为竖钩与横钩。

竖钩经常被分成两笔来写，写成一竖与一点，如“才”写作（流沙坠简・简牍遗文77・20569）、“財”写作（竹简5628・30865）等。竖钩还常与竖混用，楷书中作竖的笔在这时写作竖钩，如“東”写作（流沙坠简・简牍遗文49・20541），还有大量的竖钩被简写作竖，或者说是还没有形成向左上挑起的钩，只是将竖的笔势发生了改变，如“而”写作（孔纸1・20627）、“可”写作（流沙坠简・简牍遗

文 49 · 20541）、“傳”写作（流沙坠简 · 烽燧类 24 · 20197）等。

横钩也还没有完全形成，有些时候直接省略掉最后的钩。如“毳”写作（流沙坠简 · 器物类 69 · 20363）、“兒”写作（侯木 LBT:033 · 21208）、“記”写作（竹简 46 · 30797）、“九”写作（嘉禾四年 436 · 40436）、也写作（嘉禾五年 103 · 50103），“七”写作（嘉禾四年 224 · 40224）、也写作（嘉禾四年 589 · 40589）等。

从以上字形可以看出，楷书形态中的钩笔在这批简牍材料中还未出现，只出现了带有钩笔趋势的笔画，或者是将钩笔直接省略，写成竖笔。

8．提

提是向右上的斜笔画。它与撇的区别在于：撇的书写方向是自右上向左下，提正好相反，是自左下向右上，撇带有一定的弯曲度，提则是直笔。

提笔是形成较晚的一种笔画，是由特定位置的横笔演化而来的，这种横笔一般位于左边偏旁的最后一笔。如“王”“土”“立”等字在左边充当构件时，将最后的横笔写作向右上的斜笔。小篆中没有这种笔形，隶书中开始出现，但还没有完全成熟。到楷书阶段，提笔才逐渐成熟。

提笔的形成应该是受到草书和行书的影响，将左部构件的最后一笔向右上方向运笔，更方便去书写右部的构件，并且也节省了空间，使左右两个部分更加地协调，也便于书写。而且提笔也只能成熟于楷书阶段。隶书呈扁方形，字的左右跨度较大，左右两个构件之间没有明确的面积分割，左构件有充足的书写空间。到了楷书阶段，楷书的字形呈正方形，而且左边的构件往往要让位于右边的构件，这就导致要将左构件的横笔改成斜笔向上的笔画，以节省空间。改成提笔的书写方法与改成点笔的书写方法相比，能较好地保留左部构件的区别度，而且可以体现构件之间的相互呼应，使整字字形成为一个有机的整体。

魏晋时期的用字中那些在楷字中常作提的笔画，出现了横、提混用的现象。但总体来说出现提笔的字样不多，多数笔画是介于横与提之间，略有向上的笔势。如“地”作（流沙坠简 · 简牍遗文 84 · 20576）、“国”作

（流沙坠简・简牍遗文 49・20541）、“到”作（流沙坠简・簿书类 40・20151）等。

“水”在左边作为构件的时候，通常写作“氵”，最后一笔写作提笔。在魏晋时期的用字中“氵”的最后一提笔，还没有固定。如“酒”作（孔 32.2・20798）、也写作（流沙坠简・杂事类 3・20378），“沙”作（孔纸 27.6・20752）、也写作（流沙坠简・戍役类 9・20226）等。从这些字样来看，“氵”的最后一提笔，在有的字中已经形成，有的字中出现了向上的笔势，但还没有完全形成真正意义上的提笔，在另外一些隶意较浓的字中，还写作短横。

从以上字形可以看出，提笔在魏晋南北朝简牍材料中形态也未完全固定，出现了楷书中标准形态的提笔，也有与横笔、点笔混用的情况。

一般认为，考察字体有三个要素：笔形、结构、体势。[24] 笔形即笔画的形态，是书写汉字的最小单位，是组成构件甚至整字的基础材料。笔形的变化可以引起结构的变化，也可以引起字体的变化。在整个汉字形态演变的过程中，笔形的变化发展始终起着先导的作用。笔画的笔形是判定一种字体或者考察一种字体发展程度的最重要依据。

综上所述，从笔画层面来看，魏晋时期的汉字明显带有由隶书走向楷书的过渡形态，甚至有些笔画表现出行书中的形态。隶书阶段没有、楷书阶段特有的提笔在这一时期已有使用，隶书阶段特征明显的横笔在这一时期的文字材料中已经逐步摆脱了“蚕头燕尾”的特征。

本书也考察了同时期的石刻材料，在魏晋南北朝石刻楷字中，楷书的基本笔画已经出现，但是还有部分笔画保留有明显的隶书风格，过渡时期的特征明显。因此，魏晋南北朝石刻文字类型在笔画笔形、笔画使用等很多方面还很不规范，不稳定性还普遍存在。[25]

在魏晋时期的社会用字实物中，这些笔画都呈现出各自在动态变化过

24 赵志峰、秦永龙，《由隶到楷的字体演变浅探》，《兰州学刊》，2006 年第 7 期，第 83-93 页

25 参见李海燕，《隋唐五代石刻文字》，广州：南方日报出版社，2011 年，第 276 页

程的特有形态。从字体角度来说，魏晋南北朝时期的简牍材料处在由隶书向楷书过渡阶段，或者说是隶书与楷书的形态特征同时出现在一个字样中，所以本书将这一时期的文字称为“隶楷”文字。

二、构件层面

（一）楷化过程中没有发生变化的构件

在由隶书向楷书演化的过程中，大部分字样继承了隶书的构件与结构，只是在笔势、笔态上有所改变。如“木”“立”“匚”等构件在隶书中与在楷书中的写法基本相同。

还有一些构件发生了细微的改变，如“可”“扌”，其中的竖钩在隶书中都没有形成，只是写作与竖相连接的短横；“刂”在隶书中写作一横笔与一竖折，“氵”在隶书中的形态接近于三短横，这一情况在上文已作阐述，兹不赘述。

在魏晋时期的用字中，出现了大量的保留隶书中的构件却使用楷书的写法，或者使用楷书中的构件却沿用隶书笔势的情况。已经很难判别某个字样属于隶书或是楷书，如“列”写作（嘉禾四年 1 · 40001）、“别”写作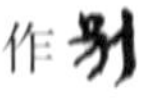（嘉禾四年 1 · 40001），将它们定位为带有隶意的楷书或者是楷化过程中的隶书，可能更确切一些。

（二）楷化过程中形态发生改变的构件

在由隶书向楷书演化的过程中，大部分字样保留了隶书中的结构，构件没有发生改变，只是在用笔的笔势上发生改变，由扁方形变成长方形。但是还有少量的构件在楷化过程中形态发生了改变，甚至变成了另外的构件。在魏晋时期的用字中，往往是隶书与楷书中的写法都可以见到，这些字样虽然使用了隶书中的构件，但在笔势、笔态上却是楷书的写法。这也是魏晋时期存在大量异体字的一个原因。

珍：在隶书阶段通常写作“珎”，到了楷书阶段才将右边的“尔”演化为“”，将“小”演变成了“彡”。魏晋时期的用字中有“珎”的写法。如：（流沙坠简 · 烽燧类 18 · 20191），上下文语境为“平望侯長刑珎附馬行”。这个字形虽沿用隶书中的构件，但是从整字来看，已经见不到许多隶意。（孔纸 34.2 · 20803），上下文语境为“弟子報珍再拜”。这个字形是处在过渡阶段的一种写法，“”的上部已经形成，但是“彡”的三横撇还没有排列定型。

心：在左边作构件时在楷书中写作“忄”，在隶书中常写作比“忄”多一点的形态，如。魏晋时期用字中“心”作构件的这两种形态都有出现。如：悼：（孔纸 8.2 · 20642），上下文语境为：“悼痛當（下缺）”。情：（孔纸 9.1b · 20645），上下文语境为：“情不自（下缺）”。情：（孔纸 8.1 · 20641），上下文语境为：“惟悲囗情感”。这些字形大多呈现楷书的意味。

丝：作构件时在隶书中写作两段封闭的弯曲笔画，类似阿拉伯数字的“8”，在楷书中作构件时写作两折笔“纟”，魏晋简牍材料中有的字继续沿用在隶书中的写法，但整个字样的笔势已趋于楷书，如“絕”写作（孔纸 1 · 20627）；也有处在过渡期的写法，如“級”写作（流沙坠简 · 简牍遗文 53 · 20545），只形成了第一个折笔，第二个折笔还是保持了封闭的状态；也有成熟的“纟”的写法，如“經”写作（嘉禾四年 301 · 40301），但是从右部的构件来看，横笔保留了十分浓厚的隶意，显露出“蚕头燕尾”的韵味。

辄：《说文》分析作“从车耴声”。隶书中由于折笔的形态还未固定，将最后的折笔分解成一撇一捺两个笔画，在这批简牍材料中仍沿用了隶书的写法，写作（孔纸 18.3 · 20675），但整字已看不到隶书的韵味。

走：小篆作，《说文》：“趋也。从夭、止。夭止者，屈也。”“走”在楷书与隶书中的写法也有所不同，隶书中写作“土”与“之”的组合，大多数情况还将“之”的点省略掉。楷书中多写作“土”与“疋”的组合。

如“趙”写作（嘉禾四年 161 · 40161）、也写作（流沙坠简 · 杂事类 69 · 20442）“超”写作（孔纸 3.1 · 20629），“越”写作（嘉禾五年 859 · 50859）等。

隹：小篆作，《说文》：“鸟之短尾总名也。”隶书作，较好地保留了小篆的形态，上部象鸟的头部。在我们调查的这批材料中，“隹”字还保留隶书的写法，如“難”写作（孔纸 14.1 · 20661），但整字呈现楷书的风范。

彳：《说文》：“，小步也，象人胫三属相连也。”在隶书中作，是一横撇与一个折笔的组合，隶书基本保留了小篆的形态。魏晋南北朝用字中可看出“彳”的演变轨迹。如“得”写作（流沙坠简 · 占书 · 20096），这个字样中的构件“彳”，可看出向楷书过渡的痕迹，已经变为两横撇与一个折笔的组合。“得”还被习作（孔纸 1 · 20627），在这个字样中，构件“彳”已经基本形成，但是看这个整字的其他部分，还保留着隶书的写法，如右下部的构件“寸”，钩笔还没有形成。再如“待”写作（流沙坠简 · 简牍遗文 48 · 20540）、“徽”写作（流沙坠简 · 简牍遗文 53 · 20545）、“行”写作（流沙坠简 · 烽燧类 18 · 20191）等，都是类似的情况。

辵：《说文》：“，乍行乍止也。从彳从止。”在楷书文字中，“辵”都写作“辶”，在隶书中，“辵”还保留上部的横撇，只是将下部写作与楷书相同，如“進”写作（流沙坠简 · 简牍遗文 44 · 20536）。这时期已经有标准的楷书写法出现，如“達”写作（孔纸 25.4 · 20741），也有很草化的写法出现，如“近”写作（流沙坠简 · 杂事类 107 · 20479）、“道”写作（流沙坠简 · 杂事类 86 · 20458）等。

竹：《说文》：“，冬生草也。象形。下垂者，箁箬也。”在隶书中很少用“竹”来作构件，多数用“艹”来表意。到楷书中才出现大量的“竹字头”。这批简牍材料所用文字中，没有出现过“竹字头”，全部用“艹”来表意。如“篤”写作（孔纸 3.1 · 20629）、“等”写作（流沙坠简 · 简牍遗文 43 · 20535）等。

从上述举例分析可以看出，在魏晋南北朝简牍材料用字中，很多字形使用了楷化后的构件，但是整字仍然保留着隶书的笔势，还有一些字样使用隶书中的构件，但整字已经使用楷书的写法。凡此种种，充分体现出魏晋南北朝时期简牍文字字体的渐变属性。

综观这一时期的社会实物用字，无论从笔画单位还是构件层次，均处在由隶书向楷书演化的过渡阶段。作为字体表现形态，可以概括为“隶楷”文字。

第2章

魏晋南北朝简牍异体字

第 1 节 异体及魏晋南北朝简牍异体字

作为一种文字现象，在文字产生之初就有大量的异体字被使用，这是由汉字的造字方法所决定的。依据传统的定义，涉及汉字构造方式的有四类，即所谓“四书”——指示造字、象形造字、会意造字及形声造字。随着汉字的发展，形声结构类型成为最主要的造字法，也就是用形旁来确定某字字义属于哪一类范畴，再用声旁来表示这个字的声部或韵部。“小篆以后的汉字系统，实际上形成了以形声字为结构主体的基本格局，汉字构形系统实质上已经成为形声系统。”[1] 而构成汉字的构件有三四百个之多，在这些构件中有许多音近、义近构件的存在，这些音近、义近构件在造字时的替换、混用就必然导致大量的异体字产生。唐兰先生在《古文字学导论》中就曾经说过：“凡义相近的字，在偏旁里可以通转。”[2] 高明先生在《中国古文字学通论》中归纳出“义近形旁通用例”32组，如“人与女、止与足、系与衣、衣与巾、鸟与隹、瓦与缶、皿”[3]。这是异体字产生的一个重要原因。

异体字的整理工作也是古已有之。最早的异体字整理工作，现在见于书面记载的，是许慎的《说文解字》。

> 世人大共非訾，以为好奇者也，故诡更正文，乡壁虚造不可知之书，变乱常行，以耀于世。……诸生竞说字解经谊，称秦之隶书为仓颉时书，云父子相传，何得改易。乃猥曰“马头人为长”“人

1 李国英，《小篆形声字研究》，北京：北京师范大学出版社，1996 年，第 2 页

2 唐兰，《古文字学导论》（增订本），济南：齐鲁书社，1981 年，第 231 页

3 高明，《中国古文字学通论》，北京：北京大学出版社，1996 年，第 130 页

持十为斗”“虫者，屈中也”。俗儒啚夫，玩其所习，蔽所希闻。不见通学，未尝睹字例之条，怪旧执而善野言，以其所知为秘妙，究洞圣人之微旨[4]。

针对时人喜以经过讹变的隶书形体说解字义及社会用字混乱的情况，许慎作《说文》对小篆字形进行了规范整理，并在小篆字头之下收入篆字或体、古文、籀文等类型字样作为“重文”。“《说文》重文的十种呈现方式，实际上聚合了由于汉字历时演变和共时演变而形成的两种类型的异体字，前者如籀文、古文、奇字，后者如小篆、或体、俗体、今文、通人说、文献说。”[5]这是现存所见最早的异体字收集整理工作。

后世的许多字书也作了类似的工作，如《玉篇》《隶篇》，当代的文字工作者也在继续对异体字进行整理。

一、什么是异体字

异体字的提法由来已久，“异体”一词，早在汉代就已经出现。《汉书·艺文志》记：“周时史官教学童书也，与孔壁古文异体，即奇字也。其迹则《石鼓文》存焉。”这里的“异体”指异文，还没有发展成今天意义的异体字。到了清代，文字学家已经开始使用“异体”一词来准确地概括汉字异体现象。如段玉裁在《说文解字注》中对“膬”与“脆”的辨析中就用到“异体”，“脆、膬盖本一字异体，《篇》《韵》皆云膬同脆”[6]。

但是对“异体字”概念的界定一直存在争论。目前学术界对这个问题的认识，可以概括为两个角度，三种看法[7]。

4 许慎，《说文解字序》，《说文解字新订》，臧克和、王平校订，北京：中华书局，2002年，第1000页

5 王平，《〈说文〉重文研究》，华东师范大学2003年博士学位论文，第21页

6 段玉裁，《说文解字注》，《说文解字四种》影印本，北京：中华书局，1998年，第131页下

7 参见刘延玲，《近五十年来异体字研究与整理状况综述 上》，《辞书研究》，2001年第5期

第一，异体字就是非“正体字”。从文字规范角度着眼界定异体字，以《现代汉语词典》为代表，这种观点认为：异体字就是与规定的正体字同音同义而写法不同的字。

所谓“正体字”，在历史上又称作“正字”，今天又称作“规范字”。它是符合社会某一历史阶段语言文字规范的正式场合用字，与其相对而言的是“俗体字”“俗字”“讹字”等说法。

从这种角度出发，仅仅是文字规范中的处理方法问题，没有涉及汉字异体字的性质、来源，不能达到正确认识异体现象的目的。异体字的研究应该从纯文字学的角度着眼，立足于汉字本体的研究。

第二，从文字学的角度着眼界定异体字。有两种代表性看法。

其一，“一词异形”就是异体字。以蒋善国《汉字学》为代表，认为一字多形就是多形字，多形字就是异体字。即一个同音同义的字，形体不一样[8]。这里说的“字”其实是“词”。这种看法混淆了“字”与“词”的界限，不是站在文字学的立场去研究异体字。

其二，“一字异形”才是异体字。以王力主编的《古代汉语》为代表，书中明确指出：异体字跟古今字的区别是两个（或两个以上的）汉字音、义完全相同，在任何情况下都可以互相替代[9]。这是在学术界影响最大、最流行的一种看法。实际上，汉字史上的异体现象非常复杂，这种界定事实上不能完全涵盖异体字的全部现象。比如很多异体字的义项并不完全重合，因为同一组异体字中的字有各自出现的场合，使用的频度、意义的发展不可能完全同步。例如：由不同造字方式产生的异体字——“凷”与“块”，同是为“土块”一词所造的字，但在后来使用过程中，前字死亡，后字继续通行，产生“方块、块头”等前字所没有的新义项。但是它们属于历时层面的异体字。很多情况下异体字在使用中是不可能随意替换的。不同时代都有文字规范的限定，唐代《干禄字书》强调只有正体才可以施于“著

8 蒋善国，《文字学》，上海：上海教育出版社，1987 年，第 83 页

9 王力，《古代汉语》，北京：中华书局，1978 年，第 155-156 页

述文章、对策、碑碣”，而俗体、通行体只能用于“籍账、文案、券契、药方”等非严肃场合。

以往对异体字的界定，偏重从文字功能的角度出发，强调音义全同，难以形成异体字的鉴别标准。原因在于字用学属于训诂学或文献词义学范畴，而文献流传和字书编撰的情况很复杂，每个字符在文献中的实际使用情况很难断定。由此，学界对异体字的界定和种类颇存争议。

臧克和先生曾多次撰文对异体字问题进行阐释：

> 异体根本上是指涉一种关系，异体关系产生于字样和字位之间。记词功能相同的一组汉字，记录同一个单音节词，形成一个字位，字位中的每一种具体写法就是这个字位的不同字样，不同字样之间构成互为异体关系。另外，认识“异体字”，也存在一个历史层次问题。就一个共时的历史层面而言，社会用字有关形体问题，不同时期存在不同的“俗字”与“正字”的相对关系；就历史的层面来看，异体字是由于历史的积累而形成的形体关系。所以，“异体字”这个概念的提出，是基于整理历史汉字的需要。[10]
>
> 像异体字的定义，也是从语音即词的角度提出来的，必然要跟词语纠缠在一起；就其形体结构而言，一定是存在某种程度某种层次差异，这种结构差异是在字形的历史演变过程中书写使用过程中形成的。但是如果到此为止，讲的还是不同的字，本无所谓异体关系存在，所以，异体关系要考虑的就是字形的使用功能。就其功能而言，一定是这些存在某种差异的字形形成记录相同词语的场合；而且这些存在差异的字形记录相同词语，并非是偶然的混淆使用结果，即使在另外的历史条件下也完全可以互相替换。另外，不同时代所面对的字形，都是历史积累的结果，体现着若干历时层次。要进行整理，才有必要援引“异体字”这样的术语。

10 臧克和，《谈结构》，《中文自学指导》，2006 年第 1 期

通过溯源明流的历时考辨过程，则可以排除某一时间层次上偶然混用所形成种种“体异用同”关系。但是，历时的整理其实是件很难的事情，而基于某个共时的语言词汇层面才有可能做得比较彻底。概括起来，异体关系讨论，要考虑形体、使用和历史。[11]

应该从形体、功能、历史三个方面来考虑异体字这个概念的界定。唐兰先生早在1949年编写的《中国文字学》里就明确表述过：“文字学研究的对象，只限于形体。……语音和语义应该属于语言学的范畴。”[12] 20世纪90年代以来，王宁先生创立了汉字构形学理论，明确地提出字形是汉字的本体。基于这些理论，本书将异体字定义为：

异体字是指汉字史上为记录同一个单音节词而造的不同字符，及同一字符在使用过程中由于书写变异而形成的一组形体不同的字符。

异体字是为记录同一个词而造的，是指为了记录同一个单音节词，采用了不同构件或不同构件组合方式所形成的不同文字形体，这是从功能角度对异体字的限定。如“淚”和“泪”，一个是形声字，一个是会意字，都是为记录“眼泪”一词所造的字；“杯”和“盃”，同为形声字但使用不同形旁，一个表示使用的材料，一个表示使用的属性，都是为记录“杯子”一词所造的字；“群”和“羣”，同为形声字且构件相同，都记录“群体”一词的意义，只是采用了不同的构件组合方式。这些字之间就属于异体关系。

字符在使用过程中，由于书写变异而产生构形不同的形体，这是从历史角度对异体字的限定。这种变异发生在笔画或基础构件的内部，并没有改变字符原初的构字意图。如“土”与“圡”、“泥”与“泥”等，是由

11 臧克和，《楷字的区别性》，《中国文字研究》，2007年第2期

12 唐兰，《中国文字学》，上海：上海古籍出版社，2001年，第6-7页

于点笔的增减而形成的不同字样；“冐”与“冐”，是由于基础构件“日”与“月”形近讹写而形成的不同字样；“煑”与“煮”，是由于字体演变而形成的不同字样，“灬”是字体演变的结果，而“火”是小篆字符的原形隶定。这些字形的不同是由书写过程中的变异造成的，没有改变字符最初的造字意图和记词功能。

二、异体字、同形字、通假字

由于异体类型的最终判断，要依据具体语料使用情况的分析，所以，这里有必要讨论一下异体字与同形字、通假字的关系。

与异体字相对的一个概念应该是“同形字”。这两个概念都是基于文字系统，形体统一于音义关系而产生的：记录同一个音义关系，使用了不同的形体，这类不同的形体关系就构成“异体”；记录不同的音义关系，使用了相同的形体，这类相同的形体关系就构成了“同形”[13]。一般来说，一个字有多种不相关的意义，这样的用字情况就称为“同形字”。同形字形成的原因是多方面的，或者由于不同时代的人给不同的词造字，而字形偶合；或者由于汉字字体演变造成笔画变形、构件混同、结构变异，使得原本不同的两个字，混成了一个字；或者由于文字在使用层面，用字者改动字形，使本不相同的字，变成同形。例如：

“隋”和“隨”在《说文》中本是音义不同的两个字。《说文・辵部》：“隨，从也。从辵，嶞省声。”《集韵・支韵》：“隨，国名。”《说文・肉部》：“隋，裂肉也。从肉，从隓省。”魏晋南北朝用字时“隨”有时简写作“隋”，如“將張忠坐不與兵，魯平世相隋，令世隨水物。故行間者請行五十。”（流沙坠简・簿书类58・20169）。这里的“隋”当为“随从”的意义，与记录“裂肉”义的“隋”同形相混。至《广韵》已记载：“隋，他果切。国名，本作隨。”意义也演变为记载国名，“隋”原来的音义俱废，

13 臧克和，《谈结构》，《中文自学指导》，2006年第1期

变成了与“随”的简省形态相同的字形。记录“裂肉”的“陏”与记录“国名”的“陏”即为一组同形字。

通假字也是一种用字现象，是读音相同或相近、意义不同的两个字之间的换用现象。这种现象的产生已经脱离了汉字学的研究范畴，进入了词汇学的研究范畴，侧重研究的是两个汉字音、义之间的联系。这种现象的产生是由于文字是记录语言的工具，人们在说话的时候只需要考虑它的读音，而不需要考虑字形，将语言记录下来的时候，就会导致字形的讹误。这种现象就是通假字。

> ……腹中不调，一岁饮一丸，不下，至三丸。二岁三……七丸，不下，稍曾至十丸。（流沙坠简 · 方技类 · 医方）

按：此处“曾”当为“增”的通假字：服用七丸药，如无效，可以增加至十丸。《说文 · 八部》：“曾，词之舒也。从八从曰，𡆧声。”《说文 · 土部》：“增，益也。从土曾声。”这两个字形记录不同的词义，但声音相同，具备通假字的条件。

上述情况本书在整理过程中并未将其纳入异体字的范畴中，是否为异体字要视上下文的具体语境而定。

异体字是基于文字层面的研究，侧重研究的是几个字形之间的不同，当然要有一个前提，这个前提就是几个汉字是为记录同一个词而造的，差异的形成是在使用过程中由于书写变异而导致的。完全为记录两个词而造的字没有形体上的可比性，如“天”与“地”就不具备形体上的可比性。也就是说异体字是以字形为本位的用字现象，而通假字是以音、义为本位的用字现象。

三、魏晋南北朝简牍异体字

魏晋南北朝时期，由于社会及汉字自身发展的原因，汉字的用字量急剧增加。这一点从当时的字书收字情况就可以看出。

据唐封演《封氏闻见录》所记：

> 魏时有李登者，撰《声类》十卷，凡一万一千五百二十字，以五声命字，不立诸部。晋有吕忱，更按群典，搜求异字，复撰《字林》七卷，亦五百四十部，凡一万二千八百二十四字，诸部皆依《说文》。《说文》所无者，皆吕忱所益。后魏杨丞庆者，复撰《字统》二十卷，凡一万三千七百三十四字，亦凭《说文》为本，其论字体，时复有异。梁朝顾野王撰《玉篇》三十卷，凡一万六千九百一十七字。

字书的收字量由东汉末年《说文》中的9353个字样增加至梁武帝时期《篆隶万象名义》中的16429字[14]。四百多年中，字书的收字量增加了7076个，占《说文》总字量的75%以上。其实每个朝代的社会常用字不会超过四五千字，现代汉字的常用字也只有三千五百字。字书收字量的不断增加，一方面由于收录了一些已经不常用的生僻字，另一方面就是收录了大量的异体字。

通过对出土文献用字情况的调查可以更清晰地知道魏晋南北朝时期的汉字面貌，也可以更直观地看到异体字的使用情况。据《马王堆帛书汉字构形系统研究》[15]一书的调查结果，马王堆帛书中可以识别的汉字总数约为4万，其中有4344个异体字样，1779个字头，异体率约为1：2.44。据《东汉碑隶构形系统研究》[16]一书的调查结果，东汉碑隶用字中可识别的汉字总

14 参见吕浩《空海和他的〈篆隶万向名义〉》，《上海大学学报》（社会科学版），2005年第4期

15 数据来自王贵元，《马王堆帛书汉字构形系统研究》，南宁：广西教育出版社，1999年

16 数据来自陈淑梅，《东汉碑隶构形系统研究》，上海：上海教育出版社，2005年

数约为 2 万，共有 4326 个异体字样，2174 个字头，异体率约为 1：1.99。据魏晋南北朝石刻楷书用字调查的结果[17]，所调查的材料中可以识别的汉字总数约为 30 万字，共有 4240 个字头，11530 个异体字样，其中 2440 个汉字有异体字形存在。异体率约为 1：2.72。

在本书所调查的魏晋南北朝简牍文字材料中，可以识别的汉字总数约为 26 万，采样分析 32195 个汉字，有 3022 个异体字样，共 1516 个字头，异体率为 1：1.99。其中 480 个汉字有异体字形存在。

17 数据来自 2005 年教育部人文社会科学重点研究基地重大研究项目——“魏晋南北朝汉字发展史研究”（项目编号 05JJD740009）的调查结果

第 2 节 异体字的类型

汉字由构件构成，构件又由单独的笔画构成，整字、构件、笔画，可以说是汉字在结构层面的三个等级。本书拟从这三个层面入手来对魏晋简牍异体字的成因作一分类：从整字层面来看，有改变造字模式及书体演变原因形成的异体字；从构件层面来看，有构件的移位、构件的更换、构件的增减以及构件的变异原因形成的异体字；从笔画层面来看，有笔画的变异及笔画的增减所形成的异体字。

一、改变造字模式形成的异体字

许慎的《说文解字》中将汉字归纳为象形、指事、会意、形声、转注、假借六种造字模式，通常认为前四种为造字法，后两种为用字法。随着汉字书体的发展，汉字象形化程度的降低，在魏晋南北朝用字中，象形、指事的造字方法已经基本退出了造字的舞台。在本书所调查的这批文字材料中出现了形声与会意之间、象形与会意之间的造字方法的替换。

因改变造字模式而产生的异体字共有 6 组，占全部异体字的 1.2％。

餐：《说文 · 食部》：“餐，吞也，从食㱼声。湌，或体。”依据《说文》的分析，“餐”为形声字。魏晋南北朝简牍用字中“餐”写作“湌”（孔纸 19.1 · 20679），上下文语境为“人湌食未（缺）”。湌，从水从食，当为会意字。《说文》中也贮存了“湌”的小篆字形湌，为“餐”的或体。

孰：《玉篇》：“孰，示六切。”《说文 · 丮部》：“孰，食饪也。从丮𦎫声。《易》曰：‘熟饪’。”据《说文》分析，“孰”为形声字。

魏晋南北朝简牍用字中，“孰”写作（嘉禾五年 376 · 50376），从食从丮，当为会意字。

象：《说文 · 象部》：“象，长鼻牙，南越大兽，三季一乳，象耳牙四足之形。凡象之属皆从象。”依据《说文》分析，“象”为象形字。魏晋南北朝简牍用字中“象”写作（嘉禾五年 492 · 50492），已失去象形之意。与《玉篇》中贮存的古文——𤉢，亦有所差别。

四：《说文 · 四部》：“四，阴数也。象四分之形。凡四之属皆从四。亖，籀文。”依据《说文》分析，“四”为象形字。魏晋南北朝简牍用字中“四”写作“亖”（流沙坠简 · 器物类 4 · 20298），从两二，当为会意字。《说文》也贮存了“亖”的小篆字形，为籀文。

二、书体演变原因形成的异体字

整字层面的异体字还包括由书体演变原因而形成的异体字。魏晋南北朝用字属隶楷阶段文字，处在由隶书向楷书过渡阶段，这个过程中自然会产生一批由于书体演变及书体间相互影响、作用而产生的异体字。在本书所调查的材料中，共有 63 组由此原因产生的异体字，约占全部异体字的 10.9％。其中又可以分为草书楷化原因形成的异体字与隶定楷变原因形成的异体字两大类。

（一）受草书影响形成的异体字

草书在魏晋时期已经非常发达，由于在书写过程中省减了大量的笔画，使得书写者为了书写的简便、快捷，在文字使用过程中选择这些草书字形。这种原因产生的异体字，称之为受草书影响形成的异体字。这类字在草书楷化之后往往变成独体字，看不出整字的造字意图。

步：《说文 · 步部》：“步，行也。从止少相背。凡步之属皆从步。”依据《说文》的分析，“步”应为会意字。在走马楼吴简中“步”写作

（嘉禾五年 640 · 50640），字形已经相当简化，由七笔减少为四笔，但在这个字样中已经不能拆分出可以单独表意的构件。

書：《说文 · 聿部》："書，箸也。从聿者声。"依据《说文》的分析，"書"为形声字。在魏晋南北朝简牍用字中"書"写作（流沙坠简 · 簿书类 35 · 20146）。这个字样已经不能再进行拆分，成为一个独体字，丝毫看不出造字意图。

東：《说文 · 東部》："東，动也。从木。官溥说：从日在木中。凡東之属皆从東。"依据《说文》的分析，"東"为会意字。魏晋南北朝简牍用字中"東"写作（流沙坠简 · 简牍遗文 41 · 20533），与现行的简体字相同，是一个独体字，不能拆分出任何可以单独表意的构件，失去了构字理据。

對：《说文 · 丵部》："對，譍无方也。从丵从口从寸。"依据《说文》的分析，"對"为会意字。魏晋南北朝简牍用字中"對"写作（流沙坠简 · 简牍遗文 72 · 20564），将两个构件共计十四笔简省为四笔，只保留了构件——"寸"。字形虽然大为简化，但造字意图丧失殆尽。

爲：《说文 · 爪部》："爲，母猴也。其为禽好爪。爪，母猴象也。下腹为母猴形。王育曰：'爪，象形也。'"依据《说文》的分析，"爲"是一个象形字。魏晋南北朝简牍用字中"爲"写作（流沙坠简 · 简牍遗文 14 · 20507），"……今當为府作……"，笔画大为减省，由十二笔减为四笔，使书写更为快捷，但丧失了造字理据。

虎：《说文 · 虎部》："虎，山兽之君。从虍，虎足象人足。象形。凡虎之属皆从虎。"魏晋南北朝简牍用字中"虎"写作（流沙坠简 · 廪给类 46 · 20294），也是因使用草书字形而形成的异体字。

門：《说文 · 門部》："門，闻也。从二户。象形。凡門之属皆从門。"魏晋南北朝简牍用字中"門"写作（流沙坠简 · 簿书类 92 · 20138）。这个字样只保留了"门"的外框，失去了"门"字的象形意味。

駑：为从马奴声的形声字。《说文 · 馬部》："馬，怒也。武也。象馬头髦尾四足之形。凡馬之属皆从馬。"依据《说文》分析，"馬"是象形字。

在魏晋南北朝用字中对“馬”进行了草化，“篤”写作（流沙坠简·简牍遗文25·20517），“馬”近似于“马”形，将代表马头及四足的笔画大量省减，失去了象形的成分。

这些草书中的形体，后人将其笔画工整化后已经固定成楷书的形态，草书楷化也成了汉字简化的一种重要方法。

（二）隶定楷变原因形成的异体字

魏晋南北朝时期的文字处在由隶书向楷书过渡的时期，有些构件在楷化的过程中还保留了隶书中的写法，由此就产生了一些异体字。这种原因形成的异体字称之为隶定楷变原因形成的异体字。

不：小篆作“”，隶书作“”（睡虎地秦简·秦律十八种17），基本延续小篆的写法，而魏晋南北朝用字作“”（流沙坠简·烽燧类40·20212），仍然延续小篆、隶书的写法，与楷字的写法不同。

糸：《说文·糸部》：“糸，细丝也。象束丝之形。凡糸之属皆从糸。读若覛。”“糸”作构件时在楷书中写作“纟”，隶书中将上半部写作两段封闭的笔画。魏晋南北朝用字中两种形态都有使用，如“綵”与（孔纸14.2·20663）等。

衣：《说文·衣部》：“衣，依也。上曰衣，下曰裳。象覆二人之形。凡衣之属皆从衣。”“衣”作构件时，在楷书中写作“衤”，隶书中的写法类似小篆的形态“”。魏晋南北朝简牍用字中两种形态都有使用，形成了异体现象。如“襜”与“”（流沙坠简·小学类第十·20049）、“裩”与“”（流沙坠简·小学类第十·20050）等。

走：《说文·走部》：“走，趋也。从夭、止。夭止者，屈也。凡走之属皆从走。”楷书中作从土从止，隶书中作从土从之。魏晋南北朝用字中两种形态都有使用，如“超”与“”（孔纸3.1·20629）等。

心：《说文·心部》：“心，人心，土藏，在身之中。象形。博士说以为火藏。凡心之属皆从心。”“心”在左边充当构件时楷书中作“忄”，隶书中的写法为“”多加一点，与“心”的笔画数相同。魏晋南北朝用字中两种写法都有使用。如“悼”与“”（孔纸 8.2・20642）、“情”与“”（孔纸 8.1・20641）的写法都有出现。

参：《说文・彡部》：“参，稠发也。从彡从人。《诗》曰：‘参髪如雲。’”小篆字形作“”。“参”作构件时在楷书中形体不变，在隶书中多写作“尔”。魏晋南北朝用字两种形态也都有使用，如“珍”与“”（流沙坠简・烽燧类 18・20191）。

五：《说文・五部》：“五，五行也。从二，阴阳在天地间交午也。凡五之属皆从五。”小篆字形作“”，隶书中作“”（睡虎地秦简・秦律十八种 20），魏晋南北朝用字中“五”与“”（流沙坠简・簿书类 41・20152）都有使用。

三、构件移位原因形成的异体字

文字在传承使用过程中，改变构件的位置，从而形成的异体字，称为因构件的移位而形成的异体字。魏晋南北朝时期由于长期没有统一的文字规范，又处于各种书体并用的时期，导致这种现象的出现。在本书的调查材料中，由于构件的移位而形成的异体字有 34 组，占全部异体字的 6%。

蘇：《说文・艸部》：“蘇，桂荏也。从艸酥声。”二级构件“鱼”在左侧、“禾”在右侧，在走马楼吴简用字中出现“鱼”在右、“禾”在左的写法——（嘉禾五年 323・50323），“利丘男子谢蘇”。此处“蘇”作为人名用字出现。两个构件的位置互换，形成了一组异体字。

煎：《说文・火部》：“煎，熬也。从火前声。”小篆字形作“”，为上“前”下“火”的上下结构。魏晋南北朝简牍用字中“煎”写作（流沙坠简・器物类 5・20299），将构件“火”由整字的下方移位至左下角，即构件“刀”的下方。

构件的移位往往会导致汉字结构的改变，如改左右结构为上下结构。

但：《说文・人部》：“但，裼也。从人旦声。”小篆字形为，左

右结构。走马楼吴简用字中作（嘉禾四年 549 · 40549），“男子逢但”，将一级构件“旦”的最末一笔加长，使“但”变成从人从日在一上的字形，变左右结构为上下结构。

鄧：《说文 · 邑部》：“鄧，曼姓之国。今属南阳。从邑登声。”小篆字形为“”，左右结构。走马楼吴简用字中“鄧”写作（嘉禾四年 454 · 40454），将“癶”放大，使“邑”在“癶”下，成为上下结构。

潘：《说文 · 水部》：“潘，淅米汁也。一曰水名，在河南荥阳。从水番声。”小篆字形为“”，左右结构。走马楼吴简用字中“潘”写作（嘉禾五年 209 · 50209），将“氵”的位置上移，变成上下结构。

幼：《说文 · 幺部》：“幼，少也。从幺从力。”小篆字形为，左右结构。走马楼吴简用字中“幼”写作（嘉禾四年 277 · 40277），“阿田丘男子陈幼”，“幼”在此处为人名用字。“幺”“力”两构件变左右排列为上下排列，整个字样由左右结构变为上下结构。

还有些异体字的构件移位改变了原有的上下结构。

感：《说文 · 心部》：“感，动人心也。从心咸声。”小篆字形为，上下结构。魏晋南北朝简牍用字中“感”写作（孔纸 22.6 · 20710），将表义构件“心”写入表音构件“咸”内，使这个字变为半包围结构。

啟：《说文 · 攴部》：“啟，教也。从攴启声。《论语》曰：‘不愤不啟。’”小篆字形为，左右结构。至《玉篇》时，以“啓”为字头，改左右结构为上下结构。走马楼吴简中“啟”写作（嘉禾四年 18 · 40018），“下伍丘男子啟叙”，“啟”在此处为人名用字。左右结构的“啟”更符合“从攴启声”的造字意图。

聲：《说文 · 耳部》：“聲，音也。从耳殸声。”走马楼吴简中“聲”写作（嘉禾五年 676 · 50676），将构件“耳”由整字的下方移位至构件“声”的下方，使整个字形由上下结构变为左右结构。

貸：《说文 · 貝部》：“貸，施也。从貝代声。”小篆字形作“”，为从人的左右结构。《玉篇》中作“貸”，上下结构。魏晋南北朝简牍用

字中作（孔纸 9.2b · 20648），这个字形符合小篆的形态，较好地保留了小篆字形的结构方式。但从貝从代的上下结构更能体现造字意图。

在成熟的字体系统中，构件的位置基本上是固定不变的，构件位置的差异是汉字彼此区别的一个重要手段。构件位置不固定的情况或者出现在汉字系统不成熟的古文字阶段，如甲骨文、金文阶段；或者出现在两种字体转变的过渡时期，如隶变时期。魏晋南北朝简牍文字处于由隶向楷的过渡阶段，构件位置表现出较强的不稳定性。

四、构件替换原因形成的异体字

汉字由构件组成，构件在整字中承担了或表音或表义的作用。常用的汉字构件有三四百之多，其中有很多音近、义近、形近的构件，在汉字的书写使用过程中这些构件之间往往可以相互替代，从而形成了异体字。这种由于音近、义近、形近的构件相互更换形成的异体字称为构件替换原因形成的异体字。这种原因形成的异体字共 205 组，约占全部异体字的 35.5％。

（一）音近构件的替换

这类异体字构件替换的前提是两个构件有相似的读音，主要见于形声字中声符的替换。在本书调查的材料中有 13 组异体字为音近构件的替换，约占全部构件替换原因形成异体字的 7％。

荆：《说文 · 艸部》："荆，楚木也。从艸刑声。"走马楼吴简用字中作（嘉禾五年 1103 · 51103），从"邢"声，"刑"与"邢"读音完全相同，为替换声符形成的异体字。

禮：《说文 · 示部》："禮，履也。所以事神致福也。从示从豊，豊亦声。"走马楼吴简用字中有将"禮"写作（嘉禾五年 53 · 50053）的用例，将声符"豊"替换为"匕"，这两个字读音相近，故为替换声符而形成的异体字。

臨：《说文 · 卧部》：“臨，監臨也。从卧品声。”魏晋南北朝用字中“臨”写作（流沙坠简 · 杂事类 3 · 20378），“北部臨文德”。将声符“品”替换为“皿”，“品”与“皿”读音相似，故为替换声符形成的异体字。

朔：《说文 · 月部》：“朔，月一日始苏也。从月屰声。”《篆隶万象名义》：“朔，所角反。”“屰，宜戟反。”从《篆隶万象名义》的注音来看，“朔”与“屰”的读音与今天大致相近，“屰”已不能标示“朔”的读音。所以魏晋南北朝用字中以“手”替换“屰”来标示读音，写作（流沙坠简 · 补遗 22 · 20600），“泰始嘉禾五年十月戊午玥”。当然，也不能完全排除“手”形是“屰”形草书化基础上楷化定形的结果。

野：《说文 · 里部》：“野，郊外也。从里予声。”走马楼吴简用字作（嘉禾四年 392 · 40392），“田户曹史赵野”，从里从邑，“邑”读音与“予”相近，构件“邑”在此既表义又表音。

吟：《说文 · 口部》：“吟，呻也。从口今声。”走马楼吴简用字中“吟”写作“唫”（嘉禾五年 665 · 50665），“金”与“今”读音相同，在整字中作声符时可互相替换。

慮：《说文 · 思部》：“谋思也。从思虍声。”走马楼吴简用字中“慮”写作（嘉禾四年 382 · 40382），从思雨声。《篆隶万象名义》注音：“雨，有诩反。”《玉篇》注音：“于矩切。”《篆隶万象名义》注音：“虍，焕孤反。”《玉篇》注音：“火乎切。”“雨”与“虍”读音相近，《广韵》中同属“遇摄”，在充当整字的声符时可以替换。

（二）义近构件的替换

这类异体字构件替换的前提是两个构件的意义相近，主要见于形声字与会意字中表义构件的替换。在本书调查的材料中，共有 56 组由于表义构件替换而形成的异体字，约占全部构件替换原因形成异体字的 26.1%。

最常见的表义构件替换有艸与竹、攴与攵、殳及寸、斤与片、攵与文、耒与禾、厂与广、廴与辵、足与疋、寸与又等。换言之，这些构件替换的频率相对比较高。

1. 艸与竹

艸：《说文·艸部》：“艸，百芔也。从二屮。凡艸之属皆从艸。”小篆作。

竹：《说文·竹部》：“竹，冬生艸也。象形。下垂者，箁箬也。凡竹之属皆从竹。”小篆作。

据《说文》，“竹”为“艸”的一种，二字义近，所以在充当表意构件时经常可以换用。“竹”与“艸”的小篆形体所用笔画完全相同，区别只在于“艸”为两段向上的弧线，“竹”为两段向下的弧线。在隶定楷化过程中，这些弧形线条都被拉直成“一”，失去了原有的区别功能，这也是造成“艸”与“竹”构件混同现象出现的原因。小篆中从“竹”的字在魏晋南北朝简牍用字中全部从“艸”，在本书调查的用字材料中没有出现“竹字头”。如：“答”写作（孔纸 8.1 · 20642）、“等”写作（流沙坠简 · 简牍遗文 43 · 20535）、“第”写作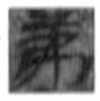（流沙坠简 · 小学类 · 急就篇 · 20046）、“篤”写作（孔纸 3.1 · 20629）、“簡”写作（流沙坠简 · 简牍遗文 72 · 20564）、“箭”写作（侯木 · LBT:023 · 21203）等。在这批材料中没有出现“管”与“菅”、“簿”与“薄”等“竹”与“艸”区别意义的字样。

2. 支、攵、殳与又

攴：《说文·攴部》：“攴，小击也。从又卜声。凡攴之属皆从攴”。

攵：《玉篇》：“攴，普卜、普角二切。小击皃。攵，同上。”“同上”即同“攴”。据《玉篇》注释，“攴”与“攵”意同。

殳：《玉篇》：“殳，长丈二尺而无刃。”

又：《说文·又部》：“又，手也。象形。三指者，手之𠛬多不过三也。凡又之属皆从又。”“殳”为一种兵器，也可借代为“击打”义。“又”为手形，也可借代为“动作”义，且“又”为“殳”的下部，也可看作是“殳”的省写。

这四个构件在构字时经常可替换。

“壓”写作（流沙坠简 · 小学类 · 急就篇 · 20052）、“墼”写作（流沙坠简 · 戍役类 16 · 20232）、“启”写作（孔纸 3.1 · 20629）、“数”写作（孔纸 21.2 · 20693）等。以上例字为“殳”与“攵”的替换。

“敦”写作（流沙坠简 · 杂事类 45 · 20419），为“攵”与“支”的替换用例。

“墼”写作（流沙坠简 · 戍役类 21 · 20237），为“殳”与“支”的替换。

“收”写作（嘉禾四年 333 · 40333）、“敘”写作（流沙坠简 · 简牍遗文 62 · 20554），为“攵”与“又”的替换。

3. 斤与片

斤：《说文 · 斤部》：“斤，斫木也。象形。凡斤之属皆从斤。”

片：《说文 · 片部》：“片，判木也。从半木。凡片之属皆从片。”

二字同为对木的动作，义近，作表义构件时常可替换。如“牒”写作（流沙坠简 · 补遗 12 · 20590）等。

4. 爻与文

爻：《说文 · 爻部》：“爻，交也。象《易》六爻头交也。凡爻之属皆从爻。”

文：《说文 · 文部》：“文，错画也。象交文。凡文之属皆从文。”

二字都有交叉的意义，作表义构件时也常可替换。如“樊”写作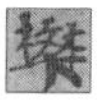（孔纸 14.2 · 20663）、“稀”写作（孔纸 17.1 · 20670）等。

5. 耒与禾

耒：《说文 · 耒部》：“耒，手耕曲木也。从木推丰。古者垂作耒耜以振民也。凡耒之属皆从耒。”

禾：《说文 · 禾部》：“禾，嘉谷也。二月始生，八月而孰，得时之中，故谓之禾。禾，木也。木王而生，金王而死。从木，从𠂹省。𠂹象其穗。凡禾之属皆从禾。”

二字义皆与木有关，作表义构件时可替换。如“耗”写作（孔纸 35 · 20804）等。

6. 厂与广

厂：《说文·厂部》："厂，山石之厓岩，人可居。象形。凡厂之属皆从厂。"

广：《说文·广部》："广，因广为屋，象对刺高屋之形。凡广之属皆从广。读若俨然之俨。"

二字都有高的意义，且形近，故作表义构件时常可替换。如"厚"写作（流沙坠简·简牍遗文 37·20529）、"厌"写作（流沙坠简·器物类 24·20318）等。

7. 廴与辵

廴：《说文·廴部》："廴，长行也。从彳引之。凡廴之属皆从廴。"

辵：《说文·辵部》："辵，乍行乍止也。从彳从止。凡辵之属皆从辵。读若《春秋公羊传》曰'辵阶而走'。"

"廴""辵"二字都有行走义，作表义构件时常可替换。如"近"写作（孔纸 5.1·20633）等。

8. 足与疋

足：《说文·足部》："足，人之足也。在下。从止、口。凡足之属皆从足。"

疋：《说文·疋部》："足也。上象腓肠，下从止。《弟子职》曰：'问疋何止。'古文以为《诗·大疋》字。亦以为足字。或曰胥字。一曰疋，记也。凡疋之属皆从疋。"

"足""疋"二字同为"足"义，作表义构件时常可替换。如"露"写作（流沙坠简·简牍遗文 58·20550）、"疏"写作（流沙坠简·简牍遗文 57·20549）、"踰"写作（流沙坠简·简牍遗文 44·20536）等。

9. 寸与又

寸：《说文·寸部》："寸，十分也。人手却一寸，动𧖴，谓之寸口。从又从一。凡寸之属皆从寸。"

又：《说文·又部》："又，手也。象形。三指者，手之𠛱多不过三也。凡又之属皆从又。"

“寸”“又”二字义都与“手”有关，皆可引申为与动作有关，且小篆字形相近，作表义构件时常可替换。如“曼”与（嘉禾五年10 · 50010）。《说文 · 又部》：“曼，引也。从又冒声。”小篆作，“寸”与“又”的小篆字形相近，在隶定楷变过程中形成了两构件的换用。

以上讨论的都是有规律的意义相近构件的替换，有时意义相近构件的替换只是偶尔为之，并不能推演到其他同构件的文字中。如《玉篇》：“卌，先入切，四十也。”魏晋南北朝简牍用字中写作（嘉禾五年601 · 50601），与“卌”字形相似。《字汇补 · 十部》：“卌，四十并也。与卌同。”“卌”可看作会意字，从四个“十”，“卌”也为会意字，从两个“廿”。“卌”与“卌”也可看作义近构件替换而形成的异体字。

（三）形近构件的替换

还有大量的构件替换的前提是构件之间的形似，由此原因形成的异体字称为形近构件替换原因形成的异体字。更多的异体字是由这种原因形成的，在构件的替换中找不到音与义之间的联系。在本书调查的材料中，这类异体字共 107 组，约占构件替换原因形成异体字的 54.8％。

由于两个构件之间的外形相似，在书写过程中经常混淆两个构件，最常见的有“口”与“厶”的替换。如“充”写作（流沙坠简 · 器物类42 · 20336）、“狗”写作（流沙坠简 · 器物类 27 · 20275）、“賞”写作（嘉禾五年 1086 · 51086）、“始”写作（流沙坠简 · 杂事类67 · 20440）、“雄”写作（嘉禾五年 459 · 50459）、“以”写作（流沙坠简 · 简牍遗文 33 · 20525）等。在这些例字中，“口”与“厶”可以互相替换。

口：《说文 · 口部》：“口，人所以言食也。象形。凡口之属皆从属。”小篆作。

厶：《说文 · 厶部》：“厶，奸邪也。韩非曰：‘仓颉作字，自营为厶。’凡厶之属皆从厶。”小篆作。

“口”“厶”二字的小篆字形相似，在隶定楷变过程中造成二字的混用。

“口”字在作构件时还常写作相向的两点，如“當”写作（孔纸10 · 20651）或（孔纸10 · 20651）、“别”写作（孔纸4 · 20632）等。

还有一些类似的形近构件替换的情况。

皆：《说文 · 白部》：“皆，俱词也。从比从白 。”

白：小篆作。《说文 · 部》：“白，此亦自字也。省自者，词言之气，从鼻出，与口相助也。凡之属皆从白 。”

走马楼吴简中“皆”写作（嘉禾五年586 · 50586）或（嘉禾五年364 · 50364）。“皆”从日或从目，因为与“白 ”形近，而并无意义或读音上的关联。

覆：《说文 · 襾部》：“覆，覂也。一曰盖也。从襾復声。”小篆作。“襾”的字义即为“覆”。楷化后“襾”写作“西”，失去了构字理据。魏晋南北朝用字中将“覆”写作（流沙坠简 · 简牍遗文49 · 20541），从“雨”，与“襾”形近，但也丧失了构字意图。

將：《说文 · 寸部》：“將，帅也。从寸，醬省声。”魏晋南北朝用字作（流沙坠简 · 簿书类58 · 20169），将“肉”写作“爪”，“肉”与“爪”没有读音与意义上的联系，之所以二者之间能替换，就是因为形近。

考：《说文 · 老部》：“考，老也。从老省，丂声。”小篆字形作。“丂”的小篆字形与“丁”相似，所以魏晋南北朝用字中“考”写作（流沙坠简 · 簿书类4 · 20113）。

畱：《说文 · 田部》：“畱，止也。从田丣声。”构件“丣”在魏晋南北朝简牍用字中多写作两并列的“厶”，如（孔纸11b · 20654），再如“劉”写作（嘉禾五年875 · 50875）等。

靡：《说文 · 非部》：“靡，披靡也。从非麻声。”魏晋南北朝简牍用字作（流沙坠简 · 方技类 · 20101），将构件“林”写作“共”，形近是这两个构件替换的前提。

幸：《说文 · 夭部》：“㚔，吉而免凶也，从屰从夭。夭，死之事。故死谓之不㚔。”《篆隶万象名义》：“㚔，核耿反。遇也。”《玉篇》：“㚔，戸耿切。遇也。吉而免凶曰秊，故死谓之不秊。又天子所至也。御所亲爱也。或作婞。今作幸。”

魏晋南北朝简牍用字作（流沙坠简 · 简牍遗文 35 · 20527），从犬从羊。简文为“幸毋相忘”，此枚简牍出土地为古精绝国，当为一女子写给远戍精绝国的汉朝军官或戍卒的家书。“夭”作“犬”、“屰”作“羊”，当属形近而致的构件替换。

楝：《说文 · 木部》：“楝，极也。从木東声。”走马楼吴简用字作（嘉禾五年 957 · 50957），将从“木”的“楝”写作从“忄”，“木”与“心”没有意义与读音上的相近之处，只是形态相似，“木”比“忄”在笔画上多了一横笔，这种形近导致两个构件的混用，从而形成了异体字。这种替换使这个字样失去了构字理据。

寇：《说文 · 攴部》：“寇，暴也。从攴从完。”走马楼吴简用字作（嘉禾五年 682 · 50682），将构件“完”中的“元”改写作“示”，属于形近而形成的异体字。在这个字样中还同时有“攴”与“殳”的替换，属于义近而导致的异体字。

五、构件增减原因形成的异体字

构件的增减是指文字在传承使用过程中，书写者改变了构件的数量，从而形成的异体字，称为因构件的增减而形成的异体字。魏晋南北朝时期由于没有统一的文字规范，又处于各种书体并用的时期，才导致这种现象的出现。在本书的调查材料中，由于构件的增减而形成的异体字有 38 组，占全部异体字的 6.6％。

愈：《玉篇》：“愈，余主切。差也。又胜也。”应为从心俞声的汉字。魏晋南北朝简牍用字中“愈”写作（流沙坠简 · 方技类 · 医方 · 20099），该枚简牍的内容为一医方，“须臾当泄下，不下，复饮药，尽，大下，立矣”。此处当为“痊愈”义。与“愈”相比，添加了一个构件“亻”，示意该字字义与“人”相关。

回：《说文·口部》：“回，转也。从口，中象回转形。”魏晋南北朝用字中“回”写作（流沙坠简·附录 2·20624），增加了一个表义构件“辶”。

喜：《说文·喜部》：“喜，乐也。从壴从口。凡喜之属皆从喜。”魏晋南北朝简牍用字中“喜”写作（孔纸 19.1·20679），添加了“心”符来表义。

上述字例都是增加构字构件，还有一些情况是减少构件的数量。

備：《说文·人部》：“備，慎也。从人𤰈声。”《说文·用部》：“𤰈，具也。从用，苟省。”魏晋南北朝简牍用字中“備”写作（孔纸 17.2·20672），对二级构件“𤰈”进行了省减。

梵：《说文·林部》：“梵，出自西域释书，未详意义。”《玉篇》：“梵，扶风、扶泛二切。木得风皃。”《类篇》《集韵》中都收录了字样“䒦”作为“梵”的异体字。梵，应为从林凡声的字。走马楼吴简用字作（嘉禾五年 634·50634），从木凡声，省减了一个二级构件“木”。

解：《说文·角部》：“解，判也。从刀判牛角。一曰解廌，兽也。”“解”应为会意字。走马楼吴简用字中“解”写作（嘉禾五年 816·50816），省减了一个表义构件“刀”。

靁：《说文·雨部》：“靁，阴阳薄动靁雨，生物者也。从雨，畾象回转形。”《玉篇》：“靁，力回切。阴阳薄动，靁雨生物者也。雷，同上。”走马楼吴简用字作（嘉禾五年 68·50068），将表义构件“畾”省减为“田”。现行简体字亦选用此字形。

六、构件变异原因形成的异体字

构件的变异是指同一构件在构字时采用不同的形态，从而形成的异体字，称为因构件的变异而形成的异体字。在本书的调查材料中，由于构件的变异而形成的异体字有 8 组，占全部异体字的 1.4％。

在楷字系统中，构件在构字时采用什么形态往往与构件所处的位置有关，如“手”在字的左部作构件时往往写作“扌”，而在下部作构件时往往写作“手”；“火”在左部充当构件时往往写作“火”，而在下部充当构件时往往写作“灬”；“心”在字的下部充当构件时往往写作“心”或比“小”多一点的字形，在字的左部作构件时往往写作“忄”等。在本书调查的这批材料中，构件变异的情况并不多见。

拜：《说文·手部》记载为“”的古文，扬雄说：“拜从两手下。”据扬雄的解释，“拜”字应从两只手。由于“手”在字的左部作构件时多写作“扌”，所以魏晋南北朝用字中出现了“拜”写作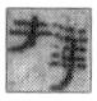（流沙坠简·简牍遗文6·20499）的字样。

到：《说文·至部》：“到，至也。从至刀声。”“刀”作构件时在字的上部常写作“刀”，在右部充当构件时隶书阶段多数还写作“刀”，楷书阶段已写作“刂”。魏晋南北朝简牍用字处在隶楷过渡阶段，既有隶意浓厚的字形出现，如（流沙坠简·簿书类41·20152），保留了“刀”的写法；也有楷书形态的字形出现，如（流沙坠简·简牍遗文58·20550），采用了“刂”作构件。

构件“火”在字的底部作构件时常变形为“灬”。

㶿：《说文·火部》：“㶿，燧，候表也。边有警则举火。从火逢声。”魏晋南北朝简牍用字中“㶿”写作（流沙坠简·烽燧类37·21217）。将表音构件“逢”替换为“蓬”，将表意构件“火”改写成“灬”。再如《玉篇》：“燧，似醉切。以取火于日。”魏晋南北朝简牍用字中将“燧”写作（流沙坠简·器物类56·20350）。

七、笔画变异原因形成的异体字

笔画的变异是指一些笔画在书写过程中由于书写的随意性导致的笔画连接状态的改变、不同笔画间的换用、同一笔画的变形等现象，如将“灬”的四点连写成“一”，这样的异体字，称为因笔画的变异而形成的异体字。在本书的调查材料中，由于笔画的变异而形成的异体字有153组，占全部异体字的 26.5％。

有些笔画变异是将两相邻的笔画连接为一笔，如“安”写作（嘉禾五年 746 · 50746）、“黄”写作（流沙坠简 · 簿书类 36 · 20101），将点笔与相邻的撇笔连写成一撇笔；“霸”写作（孔纸 19.5 · 20683），将相邻的两短横连写作一长横；“馳”写作（流沙坠简 · 杂事类 96 · 20468），将相邻的四点连写作一长横。更多见的是将类似“八”的一撇笔与一点笔或一捺笔连写成一横笔，如“部”写作（流沙坠简 · 簿书类 37 · 20148）、“陵”写作（流沙坠简 · 烽燧类 24 · 20197）、“谷”写作（嘉禾四年 380 · 40380）、“景”写作（流沙坠简 · 杂事类 56 · 20429）、“東”写作（孔纸 4 · 20632）等。

有些笔画变异是将相接的两笔改为一笔，如“蜡”写作（孔纸 34.1 · 20802），构件“虫”相接的两个笔画改写成一个折笔；还有的异体字将与最上方横笔相交的竖笔变为一点与一竖，如“事”写作（孔纸 5.2b · 20635）、“東”写作（流沙坠简 · 简牍遗文 58 · 20550）等。

有些笔画变异是将一个笔画改写成另一笔画。撇变点，如“無”写作（孔纸 17.1 · 20670）、“弟”写作（孔纸 34.1 · 20802）；横作点，如“拜”写作（孔纸 34.1 · 20802）；竖作横，如“引”写作（孔纸 1 · 20627）、“别”写作（嘉禾四年 1 · 40001）；撇作折，“布”写作（嘉禾四年 165 · 40165）；折作横，“降”写作（流沙坠简 · 杂事类 45 · 20419）。

有些笔画变异是改变笔画的连接状态，将平行的笔画改为相交的笔画，如“盡”写作（竹简 1562 · 30824）、“其”写作（嘉禾五年 395 · 50395）等。

有些笔画变异是改变笔画的位置关系，如“司”写作（流沙坠简 · 简牍遗文 69 · 20561），将位于折笔内的短横移位至折笔的上方；“玉”写作（流沙坠简 · 简牍遗文 79 · 20571），将位于二、三横笔之间的点移位至一、二横笔之间。

八、笔画增减原因形成的异体字

笔画的增减是在书写过程中由于书写的随意性导致的笔画数量改变的现象，这样的异体字，称为因笔画的增减而形成的异体字。在本书的调查材料中，由于笔画的增减而形成的异体字有97组，占全部异体字的16.8％。

有些异体字减少了字的笔画数量，如“百”写作（嘉禾五年12・50012）[18]，省减了横下的一撇笔；“卑”写作（孔纸15.3・20666），省减了字上方的撇笔，“田”字上方的撇笔，在这一时期的用字中多有省略，如“瑰”“婢”“愧”“魏”等常写作上方无撇的字样；“曹”写作（嘉禾四年161・40161），省减了一竖笔；“代”写作（孔纸4・20632），省减了右上方的点笔，这样的点经常会被省写，如“薄”“捕”“城”“贷”“国”“或”“减”“截”“溥”“求”“然”“戒”“武”“戊”“域”等字的写法在这一时期都将右上方的点笔省略；“德”写作（孔纸4・20632）、“款”写作（流沙坠简・简牍遗文58・20550），省减了字中间的短横；“番”写作（嘉禾四年589・40589）、“牧”写作（流沙坠简・簿书类4・20113）、“無”写作（流沙坠简・简牍遗文・49・20541）、“彦”写作（流沙坠简・简牍遗文41・20533），省减了字中的撇笔。

“玉”，在魏晋南北朝时期常写作“王”，如《流沙坠简・器物类5》的简文：“……王门大煎都……”这里的“王”当为“玉”，“玉门”为一地名。

有些异体字是增加了字的笔画数量，很多情况是增加了一个点笔，如“副”写作（孔纸20.1・20688）、“即”写作（嘉禾五年103・50103）、“井”写作丼（流沙坠简・器物类47・20341）、“秃”

18 《嘉禾五年•12》简文：“……其十二畝百八十步旱敗不收布……”可以知道这里是“百”，而非“白”。“百”作“白”在走马楼用字中很常见。

写作（竹简 9409 · 30894）等。

魏晋南北朝用字中所有“士”作构件的字都写作“土”，在走马楼吴简用字中，“嘉”是出现频率极高的一个字，所有的“嘉”都从“土”，没有从“士”的“嘉”字出现。而从“土”的字都写作“圡”，如“社”写作（嘉禾五年 245 · 50245）。可见在魏晋南北朝时期，还没有用笔画的长短来区别字义，只能借助别的记号如“丶”来区别两个形近汉字的字义。

有些异体字是增加了横笔，如“家”写作（竹简 9743 · 30896）、“恤”写作（孔纸 3.1 · 20629）、“者”写作（流沙坠简 · 简牍遗文 49 · 20541）等。有些异体字添加了撇笔，如“不”写作（嘉禾五年 1045 · 51045）、“凡”写作（嘉禾五年 101 · 50101）等。有些异体字添加了竖笔，如“悼”写作（孔纸 8.2 · 20642）、“其”写作（嘉禾五年 238 · 50238）等。

以上将魏晋南北朝时期的异体字类型按照整字层面、构件层面、笔画层面这样三个层次来进行划分，力图分析异体字产生的主要原因。其中必然会有交叉现象出现，一个汉字的笔画发生了变化，就必然会导致构成汉字的构件发生变化，如部作（流沙坠简 · 簿书类 37 · 20148），“部”据《说文 · 邑部》的分析为“从邑音声”，而它的异体字形改为从邑从言，如果单从构件层面来看，这是毫无关系的两个字，只能从构件产生变化的原因来分析，就是形似“八”或倒“八”的笔画在书写时常常连写作一横笔，有大量的例证可以证明这一点。所以将这个字归入笔画变异原因形成的异体字。

同样如果一个汉字的构件发生改变，也必然会有笔画的变化。如构件“手”在字的左边充当构件时多写作“扌”，这里笔画的数量及形态都发生了改变，但其发生变化的根本原因是一个构件在构字时采用了多种变体，所以将其归入构件变异形成的异体字。

虽然本书将异体字形成的原因归纳为八种，但在实际情况中，往往一个异体字形的形成是多方面原因共同作用的结果。如“曼”写作（嘉禾

五年 440 · 50440），《说文 · 又部》：“曼，引也。从又冒声。”“冒”是从冃从目的会意字，即“帽”的初文，“冃”据《说文 · 冃部》为小儿蛮夷头衣也，即“冒”的初文；“目”来替代整个头部。异体字形（嘉禾五年 440 · 50440）中，构件“又”换为“寸”，属于义近构件替换；构件“冃”变为“宀”下有二的字形，这是由于形近构件导致的混淆；构件“目”变为“罒”，是构件旋转的结果。这个字就包括了形近构件与义近构件的替换，都属于构件层面的变化。再如“德”写作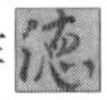（孔纸 4 · 20632），“彳”与“亻”的替换属于构件层面，构件“悳”的短横被省减，属于笔画层面的原因。这个异体字形的形成原因就涵盖了笔画和构件两个层面。

综观魏晋南北朝简牍用字的异体字情况，整字层面原因形成的异体字共 68 组，占全部异体字的 11.8 %；构件层面原因形成的异体字共 285 组，占全部异体字的 52.1 %；笔画层面原因形成的异体字共 250 组，占全部异体字的 45.7 %。

从这些数字可以看出这批文字材料在字形上的两大特点。

第一，构件变化是异体字形成的最主要因素，有超过一半的异体字是由构件变异原因所致。因为构件是最小的构形单位，构件的数量、形体、相对位置、组合方式等发生变化都会导致字形发生变化。这其中形近构件替换是最主要的表现形式，占构件变化原因的一半以上。这是由于魏晋南北朝正处于汉字史上的一个混乱时期，各种书体都已基本形成，相互影响且没有统一的文字规范，势必产生这样的后果。

第二，魏晋南北朝时期文字，由于处在隶定楷变的过渡期，书写的随意性、不规范性大量存在，导致有 45.7 % 的异体字是由于笔画的变异或笔画的增减原因而形成的。这可以说是这批文字材料的一个最大的特点。也可以说明在这一时期，笔画已经成为区别汉字形体的重要手段。在隶楷文字形成之前，汉字形体的区别手段主要体现在构件层次。笔画形成以后，不仅构件可以充当区别汉字形体的因素，笔画也成为区别汉字形体的一个重要因素，这是汉字形体简化后产生的必然结果。因为汉字的形体越简单，单个笔画在汉字形体中所占的地位就越重要。在甲骨文中，一个字形中多一点或少一点，是不影响字义的，只要字形能够反映事物的大致形体就足够了。小篆经过规整，字形相对甲骨文、金文来说稳定得多，但是单个线条来区别字形的现象也几乎未见到。隶定楷变之后，汉字的形体得到大幅度的简化，笔画逐渐形成，并在汉字形体中占有了重要地位，单个笔画开始成为区别字形的重要手段。如“口”与“日”、“旦”与“申”、“申”与“白”、“末”与“末”等这些字形的区别仅仅表现在单个笔画上。笔画的形体、数量、相对位置、组合方式已经具有区别汉字形体的功能。

附：异体字形表

说明:

异体类型一栏中，“构件替换a”代表音近构件替换，“构件替换b”代表义近构件替换，“构件替换c”代表形近构件替换，“构件替换d”代表无法定性的构件替换。“构件替换ac”则代表此异体字的成因既是音近构件替换，又是义近构件替换。以此类推。

编号	字符	源文件	字形	异体类型
1	緾	嘉禾五年 · 297.jpg		笔画变异
2	緾	嘉禾五年 · 451.jpg		笔画变异
3	緾	嘉禾四年 · 352.jpg		笔画变异
4	安	嘉禾五年 · 746.jpg		笔画变异
5	安	20161.jpg		笔画变异
6	罷	20394.jpg		构件增减
7	罷	嘉禾四年 · 134.jpg		构件替换
8	霸	20683.jpg		笔画变异
9	霸	20161.jpg		笔画增减
10	白	20635.jpg		笔画变异
11	百	嘉禾五年 · 12.jpg		笔画增减
12	百	嘉禾四年 · 436.jpg		笔画增减
13	佰	20276.jpg	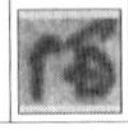	笔画增减
14	拜	20499.jpg		构件变异
15	拜	20501.jpg		笔画变异
16	拜	20802.jpg		笔画变异
17	拜	20695.jpg		笔画变异
18	敗	嘉禾五年 · 771.jpg		构件替换 b
19	敗	嘉禾五年 · 1205.jpg		构件替换 b
20	半	20153.jpg	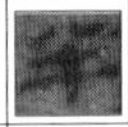	笔画变异
21	報	20517.jpg		草书楷化
22	報	20639.jpg		构件替换 c
23	卑	20666.jpg		笔画增减
24	備	20517.jpg		草书楷化
25	備	20672.jpg		构件增减
26	鼻	20541.jpg		笔画变异

编号	字符	源文件	字形	异体类型
27	必	20627.jpg		笔画变异
28	必	20046.jpg		笔画变异
29	畢	嘉禾四年 · 635.jpg		笔画变异
30	婢	20272.jpg		草书楷化
31	婢	嘉禾二年 · 105.jpg		笔画增减
32	敝	20296.jpg		构件替换 b
33	瘭	20098.jpg		构件替换 bc
34	辟	20508.jpg		构件替换 c
35	邊	20499.jpg		构件增减
36	表	20208.jpg		笔画增减
37	別	嘉禾四年 · 1.jpg		笔画变异
38	別	20632.jpg		构件替换 c
39	莂	嘉禾四年 · 1.jpg		构件替换 c
40	兵	20670.jpg		构件替换 c
41	兵	20150.jpg		构件替换 c
42	丙	20071.jpg		笔画变异
43	禀	20872.jpg		构件替换 c
44	並	20248.jpg		笔画变异笔画增减
45	病	20192.jpg		笔画变异
46	溥	20295.jpg		构件移位笔画增减

编号	字符	源文件	字形	异体类型
47	薄	20438.jpg		笔画增减
48	捕	20580.jpg		笔画增减
49	不	嘉禾五年 · 1045.jpg		笔画增减
50	不	20212.jpg		草书楷化
51	布	嘉禾四年 · 165.jpg		笔画变异
52	步	嘉禾五年 · 640.jpg		草书楷化
53	部	20148.jpg		笔画变异
54	財	嘉禾二年 · 45.jpg		构件替换 c
55	綵	20663.jpg		草书楷化
56	蔡	嘉禾五年 · 101.jpg		笔画增减
57	參	20098.jpg		构件变异
58	餐	20679.jpg		造字方式不同
59	慙	20512.jpg		构件增减
60	慙	20711.jpg		笔画变异
61	倉	嘉禾五年 · 427.jpg		笔画增减
62	曹	嘉禾四年 · 161.jpg		笔画增减
63	曹	嘉禾五年 · 439.jpg		构件替换 c
64	曹	20446.jpg		构件替换 c
65	曹	嘉禾五年 · 216.jpg		构件替换 c
66	岑	嘉禾五年 · 425.jpg		笔画变异

续表

编号	字符	源文件	字形	异体类型	编号	字符	源文件	字形	异体类型
67	勅	20629.jpg		笔画变异	87	處	20632.jpg		构件替换 ac
68	襜	20049.jpg	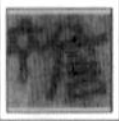	草书楷化	88	處	嘉禾四年 · 351.jpg		构件替换 c
69	長	20184.jpg		草书楷化	89	垂	20629.jpg		笔画变异
70	長	20128.jpg		笔画变异	90	春	20499.jpg		草书楷化
71	超	20629.jpg		草书楷化笔画变异	91	慈	嘉禾五年 · 331.jpg		构件替换 c
72	麨	20284.jpg		构件替换 b	92	辤	20549.jpg		构件替换 c
73	車	20651.jpg		笔画变异	93	從	20536.jpg	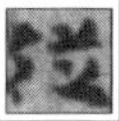	构件替换 c
74	陳	嘉禾四年 · 635.jpg		笔画变异	94	答	20561.jpg		构件替换 b
75	丞	嘉禾五年 · 304.jpg	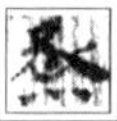	笔画变异	95	答	20642.jpg		构件替换 b
76	呈	20561.jpg		笔画变异	96	大	20094.jpg	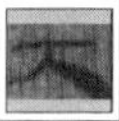	笔画变异
77	城	嘉禾四年 · 174.jpg		笔画变异	97	代	20632.jpg		笔画增减
78	城	20164.jpg		笔画增减	98	岱	20446.jpg		构件移位
79	乘	20805.jpg		笔画增减	99	逮	20827.jpg		构件替换 c
80	馳	20468.jpg		笔画变异	100	貸	20284.jpg		笔画增减
81	遲	嘉禾五年 · 731.jpg	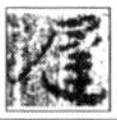	构件替换构件增减 b	101	貸	20648.jpg		构件移位
82	齒	20469.jpg		构件替换 c	102	耽	嘉禾五年 · 502.jpg		构件替换 c
83	赤	20324.jpg		笔画变异	103	但	嘉禾四年 · 549.jpg	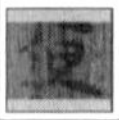	构件移位
84	赤	20042.jpg		笔画变异	104	當	20651.jpg		构件替换 c
85	充	20336.jpg		构件替换 c	105	當	20516.jpg		构件增减
86	楚	20627.jpg		构件替换 c	106	當	20651.jpg		构件替换 c

续表

编号	字符	源文件	字形	异体类型
107	碭	嘉禾四年 · 348.jpg		笔画增减
108	到	20550.jpg		笔画增减
109	到	20152.jpg		构件变异
110	到	20117.jpg		构件移位
111	悼	20642.jpg		草书楷化笔画增减
112	得	20539.jpg		构件替换笔画增减 c
113	德	20632.jpg		构件替换笔画增减 c
114	德	嘉禾二年 · 96.jpg		构件替换笔画增减 c
115	等	20535.jpg		构件替换 b
116	鄧	嘉禾四年 · 454.jpg		构件移位笔画变异
117	弟	20802.jpg		笔画变异
118	第	20046.jpg		构件替换笔画变异 b
119	典	20102.jpg		笔画变异
120	壂	20052.jpg		构件替换 b
121	牒	20590.jpg		构件替换 b
122	定	嘉禾四年 · 224.jpg		笔画变异
123	定	嘉禾四年 · 193.jpg		构件替换 b
124	東	20533.jpg		草书楷化
125	東	20550.jpg		笔画变异
126	東	20632.jpg		笔画变异

编号	字符	源文件	字形	异体类型
127	動	嘉禾四年 · 224.jpg		笔画变异
128	棟	嘉禾五年 · 957.jpg		构件替换 c
129	兜	20353.jpg		构件移位
130	兜	20914.jpg		笔画增减
131	督	20663.jpg		构件替换 c
132	篤	20629.jpg		构件替换 b
133	篤	20642.jpg		构件替换 b
134	杜	嘉禾四年 · 64.jpg		笔画增减
135	短	20911.jpg		笔画增减
136	對	20564.jpg		草书楷化
137	對	20535.jpg		构件替换 c
138	敦	20419.jpg		构件替换 b
139	钝	20517.jpg		草书楷化构件替换 c
140	頓	20624.jpg		草书楷化构件替换 c
141	奪	20627.jpg		构件替换 d
142	惡	20824.jpg		构件替换 c
143	爾	20541.jpg		笔画增减
144	爾	20632.jpg		草书楷化
145	乏	20629.jpg		笔画变异
146	罰	20134.jpg		构件替换 b

续表

编号	字符	源文件	字形	异体类型
147	番	嘉禾四年 · 589.jpg		笔画增减
148	凡	嘉禾五年 · 101.jpg		笔画增减
149	樊	20663.jpg		构件替换 b
150	梵	嘉禾五年 · 634.jpg		构件增减
151	肥	嘉禾五年 · 348.jpg		构件替换 c
152	風	20751.jpg		构件替换 c
153	烽	20253.jpg		构件移位
154	烽	21217.jpg		构件替换构件变异 a
155	烽	20212.jpg		构件移位构件替换构件变异 a
156	奉	20499.jpg	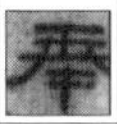	草书楷化
157	服	20318.jpg		构件替换 c
158	匐	20797.jpg		构件替换 c
159	副	20688.jpg		笔画增减
160	覆	20541.jpg		构件替换 c
161	感	20710.jpg		构件移位构件变异
162	高	嘉禾五年 · 391.jpg		笔画变异
163	稾	20314.jpg		构件移位
164	浭	嘉禾五年 · 756.jpg		构件替换
165	耕	20804.jpg	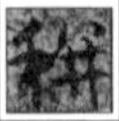	构件替换 ab
166	狗	20275.jpg		构件替换 c
167	谷	嘉禾四年 · 380.jpg		笔画变异
168	顧	20642.jpg		草书楷化
169	官	嘉禾四年 · 453.jpg	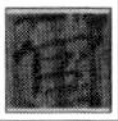	笔画增减
170	關	20524.jpg		构件增减
171	管	20652.jpg		构件替换 c
172	規	嘉禾二年 · 29.jpg	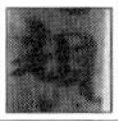	笔画变异
173	瑰	20521.jpg		笔画增减
174	貴	20262.jpg		草书楷化
175	國	20541.jpg		笔画增减
176	亥	嘉禾五年 · 753.jpg		草书楷化
177	耗	20804.jpg		构件替换 b
178	合	20405.jpg		笔画增减
179	衡	嘉禾五年 · 664.jpg	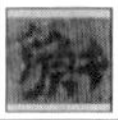	构件替换 c
180	弘	20656.jpg		笔画增减
181	侯	嘉禾五年 · 156.jpg		构件替换 b
182	侯	20581.jpg		构件增减

续表

编号	字符	源文件	字形	异体类型
183	侯	20499.jpg		构件替换 d
184	厚	20529.jpg		构件替换 b
185	忽	20632.jpg		构件替换 d
186	斛	20264.jpg		构件替换 c
187	虎	20294.jpg		草书楷化
188	還	20595.jpg		草书楷化
189	還	嘉禾二年 · 50.jpg		构件增减
190	黄	20357.jpg		构件替换 c
191	黄	嘉禾五年 · 675.jpg		构件替换 c
192	黄	20101.jpg		构件替换笔画变异 c
193	煌	20754.jpg		构件替换 d
194	回	20624.jpg		构件增减
195	昏	20532.jpg		构件替换 a
196	或	20630.jpg		笔画增减
197	擊	20232.jpg		构件替换 b
198	擊	20237.jpg		构件替换 b
199	機	嘉禾二年 · 74.jpg		草书楷化
200	及	20167.jpg		笔画变异
201	吉	20192.jpg		构件替换 c
202	即	嘉禾五年 · 103.jpg		笔画增减
203	濟	20629.jpg		构件增减
204	家	嘉禾二年 · 112.jpg		笔画增减
205	嘉	嘉禾四年 · 176.jpg		构件替换 c
206	嘉	嘉禾二年 · 54.jpg		构件增减
207	假	20556.jpg		构件替换 c
208	煎	20299.jpg		构件移位
209	簡	20564.jpg		构件替换 b
210	減	20462.jpg		笔画增减
211	箭	21203.jpg		构件替换 b
212	蔣	嘉禾四年 · 456.jpg		构件移位
213	降	20419.jpg		笔画变异
214	將	20541.jpg		构件替换笔画变异 c
215	將	20169.jpg		构件替换 c
216	角	20050.jpg		笔画变异
217	皆	嘉禾五年 · 586.jpg		构件替换 c
218	皆	嘉禾五年 · 364.jpg		构件替换 c

续表

编号	字符	源文件	字形	异体类型
219	結	20564.jpg		构件替换 c
220	截	20639.jpg		笔画增减
221	解	嘉禾五年 · 816.jpg		构件增减
222	界	20217.jpg		笔画变异
223	籍	20176.jpg		构件替换 b
224	今	20224.jpg		笔画变异
225	今	20627.jpg		笔画变异
226	襟	20328.jpg		构件替换 a
227	金	嘉禾五年 · 571.jpg		笔画变异
228	盡	20863.jpg		构件增减
229	盡	嘉禾二年 · 40.jpg		笔画变异
230	謹	20663.jpg		构件替换 c 笔画增减
231	近	20633.jpg		构件替换 b
232	晉	20754.jpg		草书楷化
233	進	20499.jpg		构件增减
234	覲	20568.jpg		构件替换 c
235	京	20551.jpg		笔画增减
236	荆	嘉禾五年 · 1103.jpg		构件替换 a
237	經	嘉禾四年 · 301.jpg		笔画变异
238	井	20341.jpg		笔画增减
239	景	20429.jpg		笔画变异
240	葺	20175.jpg		构件替换 c
241	酒	20499.jpg	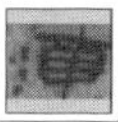	构件替换 c
242	就	20046.jpg		笔画变异
243	桔	20369.jpg		笔画变异
244	舉	20805.jpg		构件替换 b
245	舉	21217.jpg		构件替换 c
246	具	20536.jpg		草书楷化
247	取	嘉禾四年 · 325.jpg		笔画变异
248	劇	20599.jpg		构件替换 a
249	據	20632.jpg		构件替换 c
250	決	20541.jpg		笔画变异
251	爵	20316.jpg		笔画变异
252	覺	20505.jpg		构件替换 c
253	君	20460.jpg		笔画增减
254	勘	嘉禾五年 · 21.jpg		构件移位

续表

编号	字符	源文件	字形	异体类型	编号	字符	源文件	字形	异体类型
255	考	20113.jpg		构件替换 c	273	靁	嘉禾五年 · 68.jpg		构件增减
256	根	20050.jpg		草书楷化	274	累	20649.jpg		笔画变异
257	叩	20128.jpg		构件替换 c	275	棃	嘉禾四年 · 374.jpg		构件替换 a
258	寇	嘉禾五年 · 682.jpg		构件替换 bc	276	離	20807.jpg		构件替换 a
259	寇	20688.jpg		构件移位	277	禮	嘉禾五年 · 53.jpg		构件替换 a
260	苦	20541.jpg		笔画变异	278	禮	20458.jpg		草书楷化构件替换 a 笔画增减
261	快	20632.jpg		笔画变异	279	吏	嘉禾四年 · 259.jpg		笔画变异
262	寬	嘉禾四年 · 307.jpg		笔画增减	280	吏	嘉禾二年 · 18.jpg		笔画增减
263	款	20550.jpg		笔画增减	281	良	20107.jpg		草书楷化
264	愧	20680.jpg		笔画增减	282	涼	20544.jpg		笔画变异
265	蜡	20802.jpg		笔画变异	283	兩	20325.jpg		笔画变异
266	來	20672.jpg		草书楷化笔画变异	284	亮	嘉禾五年 · 360.jpg		笔画变异
267	蘭	20686.jpg		草书楷化	285	辆	20336.jpg		构件增减
268	牢	20670.jpg		笔画增减	286	廖	嘉禾四年 · 380.jpg		草书楷化构件变异
269	勞	20564.jpg		构件替换 c	287	臨	20378.jpg		构件替换 a
270	老	20535.jpg		构件替换 c	288	稟	嘉禾二年 · 44.jpg		构件替换 c
271	勒	20128.jpg		构件替换 c	289	稟	20294.jpg		构件替换 c
272	樂	嘉禾五年 · 156.jpg		构件替换 c	290	陵	20197.jpg		笔画变异

续表

编号	字符	源文件	字形	异体类型
291	綾	20663.jpg		构件替换笔画变异 b
292	留	20654.jpg		构件替换 c
293	劉	嘉禾五年 · 572.jpg		构件替换 c
294	劉	嘉禾五年 · 875.jpg		构件替换 bc
295	龍	20128.jpg		草书楷化
296	龍	嘉禾二年 · 87.jpg		草书楷化
297	隴	20378.jpg		草书楷化
298	婁	嘉禾四年 · 259.jpg		构件增减
299	樓	20628.jpg		构件增减
300	露	20550.jpg		构件替换 b
301	盧	嘉禾四年 · 86.jpg		构件替换 a
302	魯	嘉禾五年 · 402.jpg		笔画变异
303	祿	嘉禾五年 · 545.jpg		构件替换 c
304	錄	20446.jpg		构件替换 c
305	驢	20634.jpg		构件替换 a
306	慮	嘉禾四年 · 382.jpg		构件替换 a
307	掠	20140.jpg		笔画增减
308	羅	20624.jpg		笔画增减
309	買	嘉禾二年 · 92.jpg		构件替换 c
310	麥	20807.jpg		笔画变异
311	麥	20261.jpg		笔画变异
312	曼	嘉禾五年 · 10.jpg		构件替换 bc
313	曼	嘉禾五年 · 245.jpg	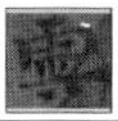	构件替换 bc
314	曼	嘉禾五年 · 440.jpg		构件替换 bc
315	梅	嘉禾五年 · 442.jpg		构件增减
316	門	20138.jpg		草书楷化
317	虻	20318.jpg		构件移位
318	夢	嘉禾五年 · 761.jpg		笔画变异
319	麋	20858.jpg		构件替换 b 构件增减
320	靡	20101.jpg		构件替换 c
321	明	20350.jpg		笔画增减
322	莫	20175.jpg		笔画变异
323	礳	20101.jpg		构件移位构件增减
324	晦	嘉禾五年 · 101.jpg		笔画变异
325	畮	嘉禾四年 · 223.jpg		构件移位
326	牧	20113.jpg		笔画增减

编号	字符	源文件	字形	异体类型
327	牧	20595.jpg		构件替换 c
328	募	20703.jpg		构件替换 c
329	男	嘉禾五年 · 957.jpg		笔画变异
330	南	20141.jpg		笔画变异
331	難	20661.jpg		构件替换 c
332	能	20564.jpg		构件替换 c
333	輗	20052.jpg		构件替换 b
334	逆	嘉禾五年 · 229.jpg		构件替换
335	年	嘉禾五年 · 1016.jpg		笔画增减
336	念	20535.jpg		笔画变异
337	念	20536.jpg		构件替换 c
338	寧	20103.jpg		笔画变异
339	羇	20517.jpg		草书楷化
340	毆	20166.jpg		构件替换 b
341	潘	嘉禾四年 · 10.jpg		笔画增减
342	潘	嘉禾五年 · 209.jpg		构件移位
343	彭	嘉禾五年 · 596.jpg		笔画变异
344	匹	嘉禾五年 · 1101.jpg		构件替换 c
345	蒲	20173.jpg		构件移位
346	溥	20694.jpg		构件移位笔画增减
347	其	嘉禾五年 · 238.jpg		笔画增减
348	其	嘉禾五年 · 395.jpg		笔画变异
349	奇	20046.jpg	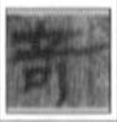	构件替换 c
350	齊	20627.jpg		构件增减
351	騎	嘉禾五年 · 307.jpg		构件替换 c
352	豈	20798.jpg		笔画变异
353	啓	20629.jpg		构件替换 b
354	啓	嘉禾四年 · 18.jpg		构件移位
355	棄	20161.jpg		笔画变异
356	器	20351.jpg		构件替换 c
357	器	20295.jpg		构件替换 b
358	騫	20549.jpg		笔画变异
359	錢	20485.jpg		笔画增减
360	錢	嘉禾五年 · 507.jpg		笔画增减
361	竊	20675.jpg		构件替换 c
362	勤	20539.jpg		构件替换 c

续表

编号	字符	源文件	字形	异体类型
363	卿	20047.jpg		笔画变异
364	輕	20725.jpg		草书楷化
365	情	20641.jpg		草书楷化笔画增减
366	頃	嘉禾二年 · 13.jpg		构件增减
367	秋	20260.jpg		笔画变异
368	求	20540.jpg		笔画增减
369	取	20564.jpg		构件移位笔画变异
370	取	20285.jpg		草书楷化
371	泉	嘉禾四年 · 430.jpg		构件替换 c
372	泉	20752.jpg		草书楷化
373	畊	嘉禾四年 · 174.jpg		笔画变异
374	缺	20224.jpg		构件替换 c
375	群	20419.jpg		构件移位
376	然	20534.jpg		构件替换 c
377	然	20569.jpg		笔画增减
378	戎	20557.jpg		笔画增减
379	如	20464.jpg		草书楷化
380	孺	20047.jpg		构件替换 c
381	入	嘉禾五年 · 257.jpg		笔画变异
382	若	20652.jpg		笔画变异
383	散	20372.jpg		构件替换 b
384	殺	20627.jpg		草书楷化
385	善	20496.jpg		笔画增减
386	善	20501.jpg		笔画变异
387	傷	20299.jpg		笔画增减
388	賞	嘉禾五年 · 1086.jpg		构件替换 c
389	燒	20738.jpg		构件替换 c
390	舍	20706.jpg		笔画变异
391	社	嘉禾五年 · 245.jpg		笔画增减
392	攝	20550.jpg		构件替换 c
393	深	20533.jpg		笔画变异
394	甚	20501.jpg		笔画增减
395	愼	嘉禾五年 · 679.jpg		笔画变异
396	愼	嘉禾五年 · 584.jpg		造字方式不同
397	升	嘉禾四年 · 230.jpg		笔画增减
398	聲	嘉禾五年 · 676.jpg		构件移位

编号	字符	源文件	字形	异体类型
399	勝	嘉禾四年 · 470.jpg		构件增减
400	師	20627.jpg		笔画增减
401	食	20462.jpg		笔画变异
402	史	嘉禾五年 · 242.jpg		构件增减
403	使	20695.jpg		笔画变异
404	始	20440.jpg		构件替换 c
405	事	20635.jpg		笔画变异
406	事	20507.jpg		草书楷化
407	是	20535.jpg		笔画变异
408	是	20161.jpg		草书楷化
409	是	20798.jpg		笔画增减
410	收	嘉禾四年 · 333.jpg		构件替换 b
411	收	嘉禾五年 · 860.jpg		构件替换 c
412	首	20554.jpg		笔画增减
413	受	20550.jpg		笔画增减
414	受	20453.jpg		笔画变异
415	受	20274.jpg		构件替换 b
416	瘦	20805.jpg		构件替换 c
417	書	20146.jpg		草书楷化
418	書	21217.jpg		笔画增减
419	疏	20549.jpg		构件替换 b
420	疏	20673.jpg		构件替换 b
421	熟	嘉禾五年 · 131.jpg		构件增减
422	熟	嘉禾五年 · 376.jpg		造字方式不同
423	鼠	20453.jpg		构件替换 c
424	數	20517.jpg		草书楷化
425	數	20693.jpg		构件替换 b
426	稅	嘉禾二年 · 75.jpg		构件替换 c
427	朔	20600.jpg		构件替换 a
428	司	20561.jpg		笔画变异
429	私	嘉禾二年 · 78.jpg		构件替换 c
430	四	20298.jpg		造字方式不同
431	蘇	嘉禾五年 · 323.jpg		构件移位
432	俗	嘉禾五年 · 104.jpg		笔画变异
433	宿	20175.jpg		笔画变异
434	粟	20275.jpg		构件增减

续表

编号	字符	源文件	字形	异体类型	编号	字符	源文件	字形	异体类型
435	雖	20632.jpg		草书楷化	453	通	嘉禾四年 · 20.jpg		构件替换 c
436	歲	20109.jpg	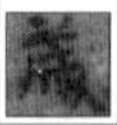	构件增减	454	統	20655.jpg		笔画增减
437	歲	嘉禾二年 · 88.jpg		构件替换	455	箭	20916.jpg		构件替换 b
438	遂	20741.jpg		笔画增减	456	頭	20545.jpg		笔画变异
439	燧	20350.jpg		构件变异	457	秃	嘉禾二年 · 110.jpg		笔画增减
440	孫	嘉禾五年 · 1074.jpg		笔画变异	458	圖	20672.jpg		构件替换 c
441	所	20096.jpg		笔画变异	459	土	20655.jpg		笔画增减
442	所	20536.jpg		笔画变异	460	屯	20110.jpg		笔画变异
443	所	20351.jpg		构件移位	461	惘	20661.jpg		草书楷化构件增减
444	所	20254.jpg		构件替换 c	462	望	20549.jpg		构件替换 a
445	太	20112.jpg		笔画增减	463	為	20507.jpg		草书楷化
446	潭	嘉禾五年 · 680.jpg		构件移位笔画增减	464	惟	20641.jpg	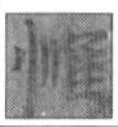	草书楷化构件增减
447	惕	嘉禾四年 · 80.jpg		笔画增减	465	痿	20098.jpg		构件替换 c
448	天	20226.jpg		草书楷化笔画变异	466	尉	20655.jpg		笔画变异
449	殄	20514.jpg	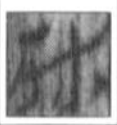	草书楷化	467	魏	20627.jpg		笔画增减
450	條	20663.jpg		构件替换 c	468	問	嘉禾四年 · 57.jpg		草书楷化
451	怗	嘉禾二年 · 23.jpg		构件增减	469	我	20627.jpg		笔画变异
452	通	嘉禾四年 · 134.jpg		构件替换 c	470	無	20541.jpg		笔画增减

续表

编号	字符	源文件	字形	异体类型
471	無	20670.jpg		笔画变异
472	午	20229.jpg		草书楷化
473	武	20663.jpg		笔画增减
474	戊	20600.jpg		笔画增减
475	務	20797.jpg		构件移位
476	兮	20532.jpg		笔画变异
477	希	20550.jpg		笔画变异
478	悉	20683.jpg		笔画增减
479	稀	20670.jpg		构件替换 b
480	喜	20679.jpg		构件增减
481	卌	嘉禾五年 · 601.jpg	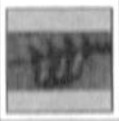	构件替换 b
482	卌	20288.jpg		造字方式不同
483	俠	嘉禾五年 · 516.jpg	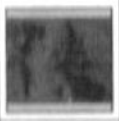	笔画变异
484	限	嘉禾五年 · 10.jpg		笔画变异
485	限	20670.jpg		构件替换 c
486	鄉	嘉禾二年 · 82.jpg		构件替换 b
487	襄	20166.jpg		构件替换 c
488	象	嘉禾五年 · 492.jpg		造字方式不同
489	校	嘉禾五年 · 4.jpg		构件替换 c
490	辛	20833.jpg		笔画变异
491	新	20920.jpg		构件移位
492	刑	20191.jpg		构件替换 a
493	幸	20527.jpg		构件替换 c
494	兄	20572.jpg		笔画变异
495	胸	20102.jpg		构件增减
496	雄	嘉禾五年 · 459.jpg		构件替换 c
497	休	20642.jpg		笔画增减
498	許	嘉禾二年 · 22.jpg		笔画变异
499	恤	20629.jpg		笔画增减
500	勖	20113.jpg		构件增减
501	敘	20554.jpg		构件替换 b
502	薛	20142.jpg		构件替换 bc
503	勲	20540.jpg		构件移位
504	言	20290.jpg		草书楷化
505	彥	20533.jpg		笔画增减
506	厭	20318.jpg		构件替换 b

续表

编号	字符	源文件	字形	异体类型
507	燕	20627.jpg		构件替换 c
508	陽	20267.jpg		草书楷化
509	揚	20184.jpg		草书楷化
510	恙	20497.jpg		笔画增减
511	耶	嘉禾五年 · 193.jpg		构件移位
512	也	20627.jpg		草书楷化
513	野	嘉禾四年 · 392.jpg		构件替换 a
514	宜	20675.jpg		笔画增减
515	移	20464.jpg		草书楷化
516	疑	20805.jpg		构件替换 b
517	儀	嘉禾五年 · 590.jpg		笔画变异
518	儀	嘉禾五年 · 406.jpg		构件增减
519	已	20260.jpg		笔画变异
520	以	20517.jpg		草书楷化
521	以	20525.jpg		构件替换 c
522	邑	20805.jpg		笔画增减
523	異	20536.jpg		构件替换 c
524	詣	20411.jpg		笔画变异
525	熠	20606.jpg		构件替换
526	薛	20530.jpg		构件替换 bc
527	吟	嘉禾五年 · 665.jpg		构件替换 a
528	引	20627.jpg		笔画变异
529	永	20261.jpg	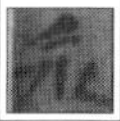	笔画变异
530	憂	20121.jpg	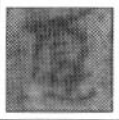	构件增减
531	郵	20536.jpg		构件替换
532	幼	嘉禾四年 · 277.jpg		构件移位
533	於	20627.jpg		构件替换 c
534	魚	20533.jpg		笔画变异
535	餘	20464.jpg		草书楷化
536	踰	20536.jpg		构件替换 b
537	玉	20299.jpg		笔画增减
538	玉	20571.jpg		笔画变异
539	域	20626.jpg		笔画增减
540	欲	20212.jpg	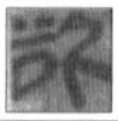	笔画变异
541	愈	20099.jpg		构件增减
542	原	嘉禾四年 · 438.jpg		构件替换 b

续表

编号	字符	源文件	字形	异体类型
543	員	嘉禾五年·1077.jpg		构件替换 c
544	袁	20670.jpg		构件替换 c
545	緣	20564.jpg		构件替换 c
546	遠	20096.jpg		笔画变异
547	掾	20451.jpg		笔画变异
548	責	20651.jpg		草书楷化
549	增	20109.jpg		构件增减
550	戰	嘉禾五年·187.jpg		笔画变异
551	張	20346.jpg		草书楷化
552	丈	20202.jpg		笔画变异
553	輒	20675.jpg		笔画变异
554	者	20541.jpg		笔画增减
555	這	20633.jpg		笔画变异
556	珍	20191.jpg		构件替换 d
557	珍	20803.jpg		笔画变异
558	真	嘉禾二年·65.jpg		笔画变异
559	烝	嘉禾五年·571.jpg		笔画变异
560	政	20528.jpg		构件替换 b
561	知	20542.jpg		笔画变异
562	知	20651.jpg		笔画变异
563	直	嘉禾四年·374.jpg		笔画变异
564	指	20550.jpg		笔画变异
565	種	20652.jpg		笔画变异
566	衆	嘉禾五年·203.jpg		构件增减
567	屬	20542.jpg		笔画变异
568	屬	20632.jpg		构件增减
569	著	20651.jpg		构件增减
570	肫	嘉禾四年·144.jpg		笔画变异
571	孜	嘉禾五年·986.jpg		构件替换 c
572	走	嘉禾二年·98.jpg		笔画变异
573	租	嘉禾四年·463.jpg		构件移位
574	足	20632.jpg		笔画变异
575	作	20651.jpg		笔画变异
576	坐	20518.jpg		构件替换 c
577	坐	20699.jpg		构件替换 c
578	坐	20657.jpg		笔画变异
579	胺	20105.jpg		构件移位

第3节 魏晋南北朝简牍异体字的成因及隶楷选择原则

一、异体字产生的原因

（一）魏晋南北朝社会历史因素

公元220年汉代覆亡至581年隋朝兴起，这是一段长期混乱、缺乏统一政府的时期，有历史学家又将这一时期称为“新形态的战国时期”。这一时期战乱频仍，政权不断更迭。这一时期的汉字也发生了隶变、楷化等重大变化，完成了由古文字到今文字以及今文字自身发展、演变、成熟等一系列剧烈变化。伴随这一巨变，大量的异体字、别字、俗体不断出现，从字形史上说，这一时期也是汉字史上一个混乱时期。南北朝长期分裂割据的局面，造成了各地区语言文字的隔阂，从而进一步加剧了文字异体繁多、使用混乱的局面。

《魏书·江式传》说当时“世易风移，文字改变，篆形谬错，隶体失真。俗学鄙习，复加虚巧。谈辨之士，又以臆说炫惑于时，难以厘改。……乃曰追来为归，巧言为辩，神虫为蚕，如斯甚众”。江式举的这些例字在本书所调查的这批文字材料中虽然没有见到，但从这段话仍旧可以得知当时确实存在这样的一些用字情况，可见魏晋南北朝时期用字的混乱。在当时也产生了一些试图对文字起规范作用的字书，如晋吕忱的《字林》和南朝顾野王的《玉篇》，但这些字书在当时并没有得到足够的重视。

在本书所调查的文字材料中最大宗的两批就分别来自今天的甘肃和湖南地区，即古代的西域地区与三国时吴国地区。这两地的用字就呈现出极大的不同。有些在吴国使用的文字在西域文字中从未出现过，如“曼”写作(嘉禾五年440 · 50440)、“浭”写作(嘉禾五年756 · 50756)、“凡”写作（5年101）等；也有些西域使用的文字在吴国用字中从未出现过，如“禮”写作“礼”（流沙坠简 · 杂事类86 · 20458），“關”作“关”（流沙坠简 · 简牍遗文32 · 20524）等。这些现象证明，在相对封闭、自治的地区之间，存在着所用语言文字上的差异。总体来说西域文字隶意较浓、对文字笔画、构件的省减较为大胆；吴国文字隶意已明显减弱，已具备楷书文字的雏形，对笔画、构件的省减现象较少，多表现为笔画、构件的变异。

（二）隶变楷化进程中的字体

魏晋南北朝时期处于汉字的隶定楷变时期，这是一项对古文字的笔形、结构进行全面改造的巨大工程，但这项工程的实施，不是由少数人有组织、有计划、按照预定步骤和规范来进行的，而是由异时异地众多使用文字的人自发行为所形成的一个历时的、散漫的制作流程。这就必不可免地导致了隶变期间极为严重的字形歧异现象的发生，从而打乱了秦代小篆刚刚建立起来的字符形体较为单一的格局，给社会用字带来很大的麻烦[19]。

有些字形表现出笔画还没有定形，小篆形态中，多为曲折、弯转的笔画，进入隶楷阶段文字以后，为了书写的方便，大多将这些曲折的笔画变为单独的笔画，使其更符合书写的方向。魏晋南北朝时期，很多单独的笔画还没有完全形成，如提、点等，处在过渡时期，这是形成异体字的很主要的一个方面。另一方面，很多构件在隶定楷变过程中也发生了改变，但魏晋南北朝用字将很多隶书中构件的写法，带入了楷书中。也就是说整个字的笔势是楷书，使用的却是隶书中的构件形态。这两个方面，在前文已详细阐述，兹不赘述。

19 秦永龙、李洪智，《隶变过程中字形的歧异及优化原则》，《民俗典籍文字研究》，北京：商务印书馆，2003年第一辑

二、异体字的选择与隶楷优化原则

面对在纷乱的社会背景下字体演进过程中产生的如此众多的异体字形，如果不加以取舍，任所有的异体字样被流传使用，势必会造成社会用字的极大混乱，严重妨害文字社会功能的有效发挥。事实上，魏晋南北朝时期简牍文字使用过程中就已经体现出对有关异体的筛选趋势，反映了取优去劣的梳理原则。只要将被保留的文字形体与被舍弃的文字形体做一比较，就不难发现其中的取舍原则。

（一）别异原则

隶楷文字是由小篆文字演化而来，小篆文字的笔画特点是曲线圆写，在隶定楷变过程中就要将这些笔画“化曲为直”，还要进行一些“粘连”“离析”的工作。隶楷的笔画相对小篆要简单，不能很好地表现小篆原有的形态，再加之有些文字使用者不甚了解小篆的构形理据，就导致了大量混同现象的产生。字形的大量混同，给文字使用者带来了很多不便，那些易于识别的形体就自然而然地被人们保留、使用。

門：小篆字形作。魏晋南北朝简牍用字已经有简化形体（流沙坠简·簿书类92·20138）出现，“玉门宜口”，“玉门”为一地名。只保留了“门”的外框，但这个字形与“冂”极其相似，不具区别功能，在使用过程中逐渐被淘汰，由在缺口处添加一点笔的“门”来取代。

東：小篆字形作。最后一笔是一段开口向下的弧线，隶定楷变时，这一笔有时被离析为一撇一捺两个笔画，如“東”；有时被化曲为直写成一横笔，如（孔纸4·20632），“东曹属复讨”。“东曹属”为汉代一官职名。“功曹”为汉代刺史的佐官，掌管考查、记录官吏功劳之事。后又下设东、西曹掌管人事工作，东曹主管官俸在二千石以下官员的任免，西曹主管丞相府官员的任免。其负责人员正职称“掾”，副职称“属”。但这个字形与“车”极易混淆，所以在使用过程中慢慢被淘汰了。

及：小篆字形作。《说文・又部》：“及，逮也。从又从人。”魏晋南北朝简牍用字中出现了“及”的多种写法，如（流沙坠简・器物类 57・20351），“器杖及亡矢”、（孔纸 19.3・20681），“并及粟”、（流沙坠简・簿书类 56・20167），“出钱三千及死马骨肉”等字样。其中第一个字形与“丑”“丒”很相似，第三个字形与“殳”相似，容易造成混同，所以在使用过程中逐渐被淘汰，只有“及”被保留。

还有一些字形为了区别于其他字形，要在小篆的字形上增加一些笔画。如“土”和“士”，在小篆系统中用笔画的长短来区别这两个汉字，但在魏晋南北朝简牍用字中，笔画的长短不具备区别意义，文字的使用者们自发地在“土”上又加了一点笔，将“土”写作“圡”来区别于“士”，而所有的“士”均写作“土”。

从上述例证中可以看出，别异原则是异体字形筛选时必须遵从的一个基本原则，要使一个汉字很容易地与其他相近字形区别开来。

（二）表义、表音原则

汉字是表义系统文字，这是汉字的根本属性。汉字的这一属性要求构成汉字的构件要承担起表达汉字字义、字音的功能，在众多异体字形中那些不能很好地表达汉字字义的字形势必就会被淘汰了。

陵：小篆字形作。《说文・𨸏部》：“陵，大𨸏也。从𨸏夌声。”“夌”为“陵”的表音构件。魏晋南北朝用字中将构件“夌”写作“麦”，作（流沙坠简・烽燧类 24・20197），“……步昌陵胡以次行”。“步昌”“陵胡”在这里都是地名。在这个字形中失去了构件“夌”的表音作用，而构件“麦”在“陵”字中没有起到任何作用。这个字形在使用过程中逐渐被使用者所摒弃。

痹：小篆字形作。《说文・疒部》：“痹，湿病也。从疒畀声。”魏晋南北朝用字出现了字样（流沙坠简・医方・20098），“……久咳逆、胸痹……”改从“疒”为从“广”，这是形近造成的混同现象，虽然从“广”

可以减少整个汉字的笔画，但失去了整个汉字的构形理据。在使用过程中这个字形逐渐被淘汰。可见在汉字字形的选择中固然是越简单易写越好，但也要以尽量保留汉字的构形理据为前提。这是汉字本质属性的必然要求。

短：小篆字形作。《说文·矢部》："短，有所长短，以矢为正。从矢豆声。""矢"为"短"的义符，长短以"矢"为标准。魏晋南北朝用字中有时写作(孔木102·20911)，"敦煌短绫彩廿匹……"。改从"矢"为从"夫"，改变了"短"的造字本义。尽管这个字形较"短"而言笔画少，但失去了造字理据，这一字形在使用过程中也逐渐被淘汰了。

（三）简易原则

钱玄同先生在《减省现行汉字笔画案》一文中指出："从龟甲、钟鼎、《说文》以来，时时发现笔画多的字，时时有人将它的笔画减省，殷周之古篆减为秦篆，秦篆减为汉隶，汉隶减为汉草，汉草减为晋唐之草；汉隶的体式变为楷书，楷书成为行书；宋元以来，又减省楷书，参取行草，变成一种简体，这都是最显著的简省笔画。而篆与篆，隶与隶，草与草，简体与简体，其中尚有繁简之不同。总而言之，数千年来，汉字的字体是时时刻刻在那儿被减省的。从殷周之古篆变到宋元之简体，时时刻刻向着简易的方面进行，可说是没有间断。"[20]

钱先生的这段话总结出了汉字是不断由繁趋简的演变过程，这一特点是由汉字的功用所决定的。汉字是记录语言的工具，实用性是它的首要要求。这种实用性的要求就导致了书体的简化发展，而且在同一种书体中也存在逐渐趋简的倾向。诸多异体字形中那些笔画较少、平面布局简明者往往被保留使用。

愈：《玉篇》："愈，余主切。差也。又胜也。"应为从心俞声。魏晋南北朝简牍用字中写作（流沙坠简·方技类·医方·20099），该

20 前国语研究会编，《国语月刊·汉字改革号》，北京：文字改革出版社，1957年，第161页

简记录内容为一医方，“须臾当泄下，不下，复饮药，尽，大下，立愈矣”。这个字形添加了一个“亻”，示意该字义与“人”相关。但从“心”即表示该字的意义与人有关，不需要再添加“人”符，所以这个异体字形在使用过程中也被淘汰了。

靁：《说文 · 雨部》：“靁，阴阳薄动靁雨，生物者也。从雨，畾象回转形。”魏晋南北朝简牍用字写作“雷”（嘉禾五年 68 · 50068），在该简文中为一人名用字。改“畾”为“田”，省减了两个二级构件，使整字的笔画数减少，更便于书写。这个字形在《宋本玉篇》中已经被收录，注同“靁”。可见最晚在宋代，这个简化的字形已经被广泛使用，一直沿用至今。

馬：该时期简牍用字中写作（流沙坠简 · 簿书类 56 · 20167），“……死馬骨肉……”这是笔画省减所导致，将四个在同一水平线上的点笔连写为一横笔。整枚简牍并非草书，而是隶意较浓的楷书，可见这样的草化已被人们所习用。

还有一些字形为草书楷化的结果，已经与我们今天使用的简化字字形一样，如“麦”（孔木 1b · 20807），“治大麦讫”；“来”（孔纸 17.2 · 20672），“来图欲还西”；“并”（流沙坠简 · 戍役类 32 · 20248），“东空决六所，并乘堤已至大决中”[21]；“贵”（流沙坠简 · 廪给类 14 · 20262），“富贵囗尹当受尉史义”等。这些被简化的异体字形在较长时期内与未简化的字形同时被使用。

在汉字的发展演变过程中，繁化与简化始终是贯穿其中的一对矛盾。便于使用的功用性要求汉字精简构件与笔画，而表义文字的性质又要求将构造理性表示明确，不能太简化。在简单的前提下保留一字与他字的区别度，就成了选择繁简字形的最大原则。

21 该简记录的是海头屯田乘堤之事。

（四）系统性原则

综观整个汉字系统，被历代使用者所采用的汉字都表现出了极强的系统性。从笔画层面来看，摒弃了那些与从上至下、从左至右的大体运笔方向相背的笔画，使所有汉字逐步纳入由横、竖、撇、点、捺、折、钩、提八种笔画形态搭建起来的笔画系统中。从构件层面来看，尽可能地选择常用构件去构成汉字，以使汉字更加容易被释读，而且尽量保证一个汉字在单独成字时与作为构件时的写法一致，那些不一致的形态慢慢地被舍弃。如在魏晋南北朝简牍用字中“更”都写作与今天的写法相同的形体，但是“更”作构件时有时写作“更”，如“便”；有时被改写作其他形态，如（嘉禾五年 756 · 50756），“杨浭丘县吏潘黑……”。这个字形改变了作为构件的“更”的形体，不利于将其纳入整个隶楷文字系统，在使用过程中也慢慢被淘汰了。

正是由于魏晋南北朝的汉字使用者在使用过程中自觉地遵循了这些取舍原则，才使得经过了魏晋南北朝隶定楷变过程的汉字，依然成为我们今天所看到的符合文字发展规律的文字系统。

第3章

魏晋南北朝简牍文字构形系统分析

汉字是一种符号体系，其中每个个体字符都不是孤立存在的，而是通过联系和别异两种方式与其他字符发生关联，从而形成一个完整的字符系统。在系统当中，每个个体字符都有自己独特的位置，个体字符的存在和演进，都受着系统的制约。在这个庞大的汉字系统当中，又由多个子系统来按类统辖这些汉字，如构形系统、表音系统、表义系统等。

构形系统是指整个汉字符号体系所包含的各种属性的总和。这些属性是隐含在个体字符之中的，必须运用依理分析的构形方法，经过构件拆分、属性分析、构件归纳等具体操作程序，才能显示出来的。本章拟对魏晋南北朝简牍文字构件的构形功能与构形模式进行重点分析，从而揭示魏晋南北朝简牍文字的构形特点。

第1节 笔画层面的构形分析

一、隶楷文字的笔画组合方式

笔画是构成汉字的线条，是隶楷文字最小的书写单位。书写工具从与书写材料接触到离开，其间书写工具的移动在书写材料上留下的痕迹就是笔画。这是对笔画的广义的理解。狭义的笔画只指构成隶书和楷书的线条。古文字里的线条往往分不出起讫，分不清数目。到了隶书和楷书，才能分出线条的起讫，分清线条的数目，才成为现代所说的笔画。

笔画按照一定的组合方式组成构件，构件又按照一定的组合方式来组成汉字。汉字就是由笔画、构件、整字这样三级构字成分按照一定的组合方式构建而成的。

隶楷阶段的笔画组合方式一般来说有三种，即笔画的交叉、笔画的黏连和笔画的分离。

笔画的交叉是指笔画与笔画两两相交的组合方式。如“十”，横笔与竖笔垂直相交、叠落在一起；再如“七”“乂”“力”“九”等，都是笔画的交叉汇编。

笔画的黏连是指笔画与笔画两两相连接的组合方式。如“丁”，横笔与竖钩笔相连接，笔画之间没有交叉，再如“上”“下”“工”“口”“弓”等，都是笔画的粘连组合。

笔画的分离是指笔画与笔画两两相分离的组合方式。如“二”，两横笔处于平行状态，彼此分离，再如“小”“川”“六”等。

大部分汉字会综合运用以上三种笔画的组合方式，如“手”，撇与横、横与横之间是分离关系，撇与竖钩是粘连关系，竖钩与横是交叉关系。

笔画的组合方式也会改变汉字的结构，相同的笔画采用不同的组合方式，会产生不同的汉字，如“田”“甲”“申”“由”等。

二、隶楷文字与小篆的对比

隶变是汉字发展史上最重大的变革，它的重要意义在于使汉字的符号体制发生了质变。这种质变就是使汉字由物象构义变成符号构义，由线条文字变成了笔画文字，使汉字完成了符号化的进程。

小篆阶段的文字，不能将其分解成严格意义上的笔画。因为小篆阶段的文字多由一些弯曲的线段、甚至闭合成圆形的线段来组成，如“”“”“”等。我们很难分辨这些线段的起讫、运笔的方向及笔画的数量。而且这些笔画往往富于变化、没有固定的形态，不能像隶楷文字那样用八种笔画形态来概括所有的笔画。对此，王凤阳先生有很精辟的论述：

> 汉字在曲线条构成的时期谈不上构字的线条数以及线条安排的顺序问题。因为在使用摹物线条的大篆时期是字无定线、线无定数的；在使用构字线条的小篆时期，虽然字形大体固定，但是同一线条可以一笔写下来，也可以断成数笔写下来，因此也谈不

上用线数目和用线次序。汉字只有在笔画化了之后，才出现了用线数目和书写顺序的问题。这是因为笔画是通过书写生理要求选定的线，是起止明确的线，因此可以定数和定序。……笔顺是书写后期隶书尤其是楷书时的安排笔画的先后次序。笔顺是笔画产生之后才有的，字的笔画的定数和定序是相伴进行的。[1]

1 王凤阳，《汉字学》，长春：吉林文史出版社，1989 年，第 236-247 页

第 2 节 构件层面的构形分析

一、构件的拆分原则

构件是构成汉字的基本元素，是能直接进入构形层次的构成成分。一般而论，构件作为构形系统的要素和单字的构成成分，具有特定形体和功能是其基本条件。“具有特定形体”，才能参与汉字的构形；“具有特定功能”，才能体现汉字的构意。这也正是其与汉字的书写元素——笔画区分开来的关键之处。汉字的笔画只是书写单位，这种书写单位不能直接进入构形，因而也就无法具有表义或标音的功能。只有构件才是具有特定形体和特定功能的汉字构形单位[2]。

既然构件是汉字的最小构形单位，那么要对汉字的构形系统进行分析，就首先要对整字进行拆分，得到构成整个汉字系统的构件。在对魏晋南北朝简牍用字进行具体拆分时，基本按照以下方法来操作。

（一）拆分的对象是字组主形，不包括字样变体。字组主形是从相同字样中优选出来的，具有很强的代表性。这样做可以排除非主流现象的干扰，真正体现魏晋南北朝简牍文字的构形特点。有些字样变体的写法具有很大的偶然性，如果将其纳入构形拆分，会破坏构形系统的整体性。

（二）依理拆分是拆分时所必须遵循的原则。就是说要根据每个字形的构形理据，按照其组合形式来进行拆分。汉字的理据是指汉字赖以构形的依据。“古汉字是表意文字系统，每个汉字的构形都是以来自词义的字

2 韩伟，《汉字构件及其功能研究》，《西南民族大学学报》（人文社科版），2003 年第 8 期

意为依据的，是有字理可寻的。现代汉字经过隶变、楷化阶段，并没有改变它的基本性质，大多数字形仍具有理据。”[3]

（三）含有多层次构件的整字从大到小进行拆分，得到的构件依次叫做一级构件、二级构件、三级构件等。一级构件也叫直接构件，最小的不能再拆分的构件叫做基础构件，也叫末级构件。例如“和”“国”“这”“烝”等各有两个基础构件，“诏”“婴”“想”“谢”等各有三个基础构件。本书的构件拆分只拆分到直接构件层面。

（四）构件的拆分分为溯源拆分与现状拆分。溯源分析是指将汉字恢复到古文字阶段后再拆分构件、分析其构字理据，现状分析是指就汉字当前阶段的形态进行构件的拆分。魏晋南北朝阶段的大部分文字的溯源拆分与现状拆分是一致的，有些汉字由于字形经过隶定楷变，构件的形态发生了明显的变化，导致理据的丧失，对这些汉字进行现状拆分，而不恢复它们的古文字形态。只有这样才能准确地反映魏晋南北朝时期简牍文字的构形面貌。

（五）隶定楷变后构件发生黏连、重组的，一般不进行拆分。

兼：小篆作，《说文 · 秝部》分析为“并也。从又持秝”。隶定楷变之后，原有构件“秝”已经看不出其形态，故“兼”不再进行拆分。

承：小篆作，《说文 · 手部》分析为“奉也。受也。从手从卩从廾”。隶定楷变后，构件“手”与“卩”已经组合在一起，有些笔画共享，从而无法拆分。这样的字形也不再进行拆分，将其视为独体字。

但如果构件交叉汇编后，仍能分离出具有构形理据的、具有一定构字能力的构件，那么依然对这些字样进行拆分。

秉：小篆字形作，《说文 · 又部》分析为“从又持禾”。构件“禾”与“又”的变形在楷书字形中虽然交叉汇编，但仍可以分离出来，且都有各自的构形理据，应当进行拆分。

東：《说文 · 東部》分析为“从日在木中”。构件“日”与“木”已

3 王宁，《汉字构形理据与现代汉字构件拆分》，《语文建设》，1997 年第 3 期

经交叉汇编在一起，但两个构件仍然具有各自的构形理据，应当进行拆分。

（六）拆分的下限一般要大于笔画，具有标义功能的单独笔画除外。

戶：《说文 · 戶部》分析为象形字，“半门曰戶”。不能拆分为“尸”“丶”，因为“尸”与“丶”对“户”的意义、读音不起任何作用。以单独笔画是否具有标义、标音功能作为拆分的判断标准。

旦：《说文 · 旦部》分析为“明也。从日见一上。一，地也”。这里的“一”代表地平线，具有标义功能，所以可以单独作构件。

（七）还有些构件如“辵”“走”“行”“言”“骨”“食”“韦”“邑”“殳”“穴”“巾”“见”“页”“风”“金”等，照《说文》还可以继续拆分，但是考虑到这些构件统摄大量字样，现在的字书一般也依然保留了这些部首，有存在的方便性和合理性，就不再进行拆分分类。

二、构件的功能

构件的功能是就一级构件而言的，因为只有一级构件才能在整字中体现出自己的功能。构件的功能直接体现了汉字的构形理据，但是随着汉字形体的演变，构件的重组，有些一级构件丧失了自己原有的功能，变得无理据可言了。依据构件的功能属性可以将构件分为标音功能构件、标义功能构件与记号构件。

虽然将构件划分为标音构件、标义构件、记号构件，但是在一个整字中，是通过将这些构件按某种方式结合在一起，才赋予了汉字某项意义、某项读音，使一字区别于他字。标音构件的主要功能是标示汉字的读音，但它同样也起着标示汉字意义、使一字区别于他字的作用。“形符和声符的作用，就是在系统的对比中，使字形结构意义得到区别。通过这种区别，使得我们习惯上所说的表音表义即音义关系得到确认。这种从‘结构整体性’着眼的说明，是比较符合实际的。”[4]

4 臧克和，《谈结构》，《中文自学指导》，2006 年第 1 期

形声结构中所标注的声符，就其功能而言，主要是使所标记的结构意义在形声系统中实现对立区别。没有声符的合成，形符所对应的也只能是一个基本的范围。而且这个范围也是大致的划定，并没有严格的界限。如标义构件“水”只能划定一个与水有关的意义范围，只有加入了标音构件“斤”“分”“齐”等，组成汉字“沂”“汾”“济”才能使这些汉字的专称意义得到落实，使这些汉字具有真正的区别于其他汉字的意义。标音构件和标义构件各自的功能，都是在相互依存、相互对待的结构关系中实现的。标义构件和标音构件的作用就是在系统的对比中，使字形结构意义得到区别[5]。

各种功能构件之间的关系是相互依存、相互制约的。

（一）标义功能

标义功能构件是指在整字中能起到标示整字意义范畴作用的构件。如“财”“贵”“费”的字义都与钱财有关，正是由于它们都有一个共同的标义功能构件“贝”。“贝”的本义是一种水生动物，在古代可以用它的壳作货币，所以“贝”就有了“钱财”的意义。“贝”在这三个字头当中充当标义功能构件，就把“钱财”的意义带入了这三个字。有时标音功能构件带入整字的是其引申义或与本义、引申义相关的某种意义。如“寸”的本义是一长度度量单位，手臂距手一寸远的地方叫寸口。由于与手臂有关，“寸”又可以引申表示“手”的含义，进而在与人手有关的动词中充当标义功能构件，如“守”“付”“讨”等。

魏晋南北朝简牍用字中共有 271 个标义功能构件构成了 1179 个汉字，平均单个构件构成 4.37 个汉字。这些构件分别是：

八、白、勹、卑、北、貝、貝、皀、比、啚、㡀、匕、辡、叐、夂、竝、

5 臧克和，《字符•结构》，《中国文字研究》第四辑，2003 年

癶、萄、采、艸、冊、車、中、臣、辰、成、彳、赤、蟲、雔、川、垂、辵、從、亍、寸、大、丹、刀、鬥、豆、多、兌、𠂤、步、兒、耳、二、反、棥、匸、放、非、分、夫、尃、阜、㠯、䞂、倝、高、更、毌、貫、戈、革、工、弓、丨、橐、宮、廾、共、古、冎、另、夬、芡、黽、敞、禾、黑、㫗、戶、隓、火、亼、丮、幾、己、茍、祭、角、見、監、弜、卩、斤、巾、金、臼、珏、丂、口、老、厽、裏、力、立、豊、翏、林、令、留、鹿、錄、𤔔、䜌、麻、馬、麥、毛、冃、門、米、冖、糸、宀、皿、木、目、男、疒、能、鳥、牛、女、片、品、攴、殹、欠、青、殸、丘、酋、去、泉、犬、人、壬、日、肉、叒、山、彡、上、少、舌、身、申、甡、生、屍、十、石、食、矢、豕、士、示、手、受、殳、疋、水、思、厶、寺、夊、奞、田、同、土、去、妥、完、網、王、亡、囗、产、爻、臥、巫、夕、喜、系、匸、寅、次、臽、縣、孝、象、卸、心、辛、幸、行、戌、穴、襾、言、㫃、廣、羊、么、夭、爻、頁、一、衣、肙、宜、邑、所、音、豖、廴、尹、肰、酉、昇、與、魚、於、雨、玉、聿、於、曰、月、勻、用、有、又、戋、乍、召、之、止、至、臸、豸、廌、隹、稚、夂、正、中、舟、竹、壴、爪、叀、自、子、走、足、𠂇

其中有些标义功能构件也兼具标示整字读音的作用。如“從”字，有两个标义功能构件，分别是“辵”与“从”，其中的构件“从”与整字“從”的读音完全相同，这个义符就兼具标音功能。在魏晋南北朝简牍用字中共有标音兼标义的构件 40 个，分别是：

辡、兑、殳、宜、召、幺、音、用、又、与、止、王、㫃、棥、彳、从、反、臽、监、囗、丂、纟、卩、宀、卑、生、贝、孝、㡀、殹、象、干、成、勻、亡、毌、斤、泉、隓、高

在这 271 个标义功能构件中，构字能力最强的 5 个构件是人、水、木、心、艸，共构成 301 个汉字，平均每个构件参构 60 个汉字。

（二）标音功能

标音功能构件是指在整字中能起到标示整字读音功能的构件。如“案”字从“安”得声，“安”就是“案”的标音功能构件。在魏晋南北朝简牍文字构形系统中共有 490 个标音功能构件构成了 856 个字头，平均每个构件构成 1.75 个汉字。

标音功能构件又可分为完全标音构件与部分标音构件。将构件的声、韵部与整字的声、韵部完全相同的构件称为完全标音构件，如“佰”字从“百”得声，标音功能构件“百”与“佰”的声部、韵部完全相同，“百”在这里就是一个完全标音构件。

还有一些标音构件与整字的读音不完全相同，只有声部或韵部与整字相同或相近，这样的构件称为部分标音构件，例如“帛”中的“白”“草”中的“早”等。

在魏晋南北朝简牍用字中共有 306 个完全标音构件在 412 个字头中承担标记整字读音的作用。分别是：

安、巴、白、百、半、北、賁、畀、辡、别、丙、才、采、倉、長、辰、陳、爯、成、呈、吹、此、次、從、奎、代、單、旦、刀、道、悳、登、氏、殿、丁、東、端、番、凡、反、方、非、分、風、豐、夆、夫、孚、畐、甫、付、複、複、幹、甘、岡、高、各、艮、更、工、船、共、古、穀、雇、官、毌、廣、圭、鬼、禾、黑、侯、旱、乎、胡、褱、奐、皇、回、或、蒦、毄、及、吉、亟、幾、己、旡、加、夾、家、豭、建、間、將、畺、交、敫、介、斤、聿、堇、禁、巠、京、敬、九、就、句、巨、具、豦、欮、君、開、丂、克、口、昆、來、闌、畾、離、裏、豊、利、隸、林、閵、夌、霝、令、龍、婁、盧、彔、路、慮、侖、洛、每、冡、瞢、木、免、民、敃、莫、某、木、烏、盜、寧、奴、丕、業、浦、其、奇、啟、氣、且、親、侵、青、睘、區、取、去、肰、壬、汝、弱、殺、沙、善、尚、申、罙、甚、十、士、世、示、受、封、朔、厶、寺、穌、隋、遂、覃、匋、天、同、童、塗、彖、完、宛、亡、囗、為、韋、委、胃、尉、吾、五、勿、敄、希、奚、喜、系、臽、県、縣、相、向、象、肖、劦、熏、卂、疋、匽、彥、猒、央、羊、昜、業、夜、衣、宜、義、侌、賏、熒、邕、又、右、餘、臾、俞、與、聿、元、原、袁、戉、則、曾、乍、詹、章、丈、召、者、正、爭、知、直、旨、至、中、重、朱、主、叀、專、隹、子、左、豖、叚、啚、弅、畀、悳、弋、敚、殸、烕、阁、牆、葡、盈、鴙、牣、耴、臣、叄、冢、䓣、㝵、尚、楸、㬎、隶、繼、雁

共有308个部分标音构件在444个字头中承担标记读音的作用。分别是：

安、八、巴、癹、白、半、包、卑、貝、匕、比、並、葡、才、蠆、長、長、敞、丞、彳、充、雔、出、川、享、朿、次、丹、單、刀、登、丁、東、豆、兌、盾、兒、耳、番、凡、非、分、逢、尃、弗、甫、父、榦、甘、敢、岡、睪、告、各、亙、艮、亙、工、公、厷、鞏、古、毄、瓜、夬、冎、雚、圭、癸、鬼、貴、果、亥、害、寒、合、曷、盍、虍、莧、黃、活、或、亼、吉、即、耤、己、夾、叚、戔、戔、兼、監、柬、夅、降、交、焦、皆、卩、今、斤、金、堇、巠、丩、九、久、決、君、軍、峪、丂、可、誇、咼、樂、豊、力、吏、良、林、令、婁、盧、麻、毛、卯、每、門、門、糸、宀、明、莫、母、難、聶、女、爿、蓬、皮、品、平、音、溥、七、其、奇、齊、豈、咠、臤、僉、前、戕、且、妾、親、青、秋、汓、區、泉、夋、壬、日、肉、如、三、山、商、賞、尚、少、射、生、勝、屍、禹、失、石、史、矢、士、十、世、是、殳、疋、叔、術、庶、厶、寺、叟、它、台、台、天、田、童、土、屯、乇、亡、王、微、囗、韋、唯、未、文、吾、午、勿、犀、烏、鹹、襄、向、孝、肖、刑、戌、需、戍、玄、學、血、亞、襾、炎、彥、雁、羊、昜、印、么、堯、也、枼、巸、以、亦、易、埶、異、因、垔、音、蠅、甬、攸、由、有、酉、予、餘、羽、雨、與、聿、元、夗、員、匀、臧、早、則、乍、詹、斬、占、召、罩、兆、者、真、朕、止、旨、至、稚、重、舟、周、諸、竹、助、叀、隹、茲、子、自、宗、自、守、弋、戴、鶴、叄、冢、韧、㫃、繼、敫

其中有些标音构件在构成整字时，省略了部分笔画。如“奔”的标音构件应该是“贲”，这里将“贲”省形作“卉”。这样将标音构件省形的汉字仍然认为其具有标音构件。

（三）记号功能

记号功能构件是指在汉字中不具备标音、标义功能，只是起区别字形或辅助其他标音、标义功能构件标记整字音、义的构件。魏晋南北朝简牍用字中共有235个字头拥有记号功能构件，共计160个：

八、白、佰、勹、皀、匕、夊、不、采、艸、長、蟲、串、享、大、呆、刀、奠、丁、東、豆、多、𠂤、而、二、爾、尔、耳、番、凡、非、奉、䧙、各、庚、工、共、谷、古、兆、關、廣、圭、鬼、貴、丨、廠、禾、合、弘、畫、火、吉、集、幾、既、祭、加、角、金、今、巾、斤、堇、京、冂、九、玨、開、亢、口、可、襄、爻、立、龍、鹿、馬、賣、皃、米、冖、宀、木、母、乃、牛、女、丿、平、支、豈、且、卿、曲、犬、人、日、肉、山、彡、少、舌、舍、甚、聖、示、十、石、矢、手、首、術、厶、寺、田、天、土、象、丸、萬、囗、我、網、勿、夕、西、昔、小、心、辛、玄、羊、也、業、一、乙、弋、邑、冘、由、尤、又、于、禹、與、雨、聿、育、月、責、翟、者、真、正、夂、止、中、丶、主、史、𡗗、龶

汉字在造字之初是没有记号构件的，组成汉字的所有构件都有其意义，但由于汉字经过隶定楷化，由古文字演变为今文字，魏晋南北朝时期的字形与古文字阶段相比，已经有了很大的发展变化。有些构件在整字中已经不能承担它原有的标音标义作用，变成了记号构件。魏晋南北朝简牍文字中的记号构件有以下几个来源。

1．来源于标音构件。有些构件依据《说文》的分析在古文字系统当中为标音构件，但随着语言系统的发展变化，到魏晋南北朝时期这些构件已

经不再能标示整字读音。如“鄭”，《说文·邑部》分析为“从邑奠声”，“奠”为“鄭”的标音构件。来看《玉篇》对这两个字的注音：“鄭”，直政切。“奠”，大见切。两字的声部、韵部都不相同，“奠”已经不能起标示“鄭”字读音的作用。构件“奠”在此就是一个记号构件，在整字中没有标示读音、意义的作用，只是一种符号，使“鄭”区别于他字。

2．来源于标义构件。有些构件依据《说文》的分析在古文字系统当中为标义构件，标示汉字的本义，但随着字义的发展演变，到魏晋南北朝时期有些字的本义已经不被使用，这些构件已经不能再标示整字的意义范畴了。如“雖”，《说文·虫部》分析为“似蜥蜴而大，从虫唯声”。“雖”的本义为一种似蜥蜴的动物，所以以“虫”为标义构件。魏晋南北朝简牍中有一用例为“但願足下雖遠，由不聞梟鳴聲為快也”（孔纸4·20632），这里的“雖”为“虽然”义，表示一种让步关系。表示“虽然”义的“雖”与表示“似蜥蜴的动物”的“雖”应是一对同形字。构件“虫”在表“动物”的“雖”字中充当标义构件，在表“虽然”义的“雖”字中只能充当记号构件，没有任何标音、标义作用。

3．来源于指事符号。有些汉字在古文字构形系统当中为指事字，如“本”和“末”，都是在“木”上添加一个指事符号“一”，以“一”所处的位置来标记整字的意义。“本”标在“木”的下部，其意义为树根；“末”标在“木”的上部，其意义为树梢。再如“刀”与“刃”，多出的“丶”既有区别二字字形的功能，也有标示“刃”与“刀”字义关系的作用。这样的标示符号在魏晋南北朝简牍文字系统中归入记号构件。

4．来源于象形构件。在古文字阶段许多构件来源于对实际事物外形的描摹，属于象形构件。经过汉字的形体演变，进入隶楷阶段文字以后，以固定的笔画作为基础书写单位，早期古文字的象形意味已经丧失殆尽。有些象形构件演变为了标义构件，还有一些转化为记号构件，丧失了造字理据。如“水”“目”“手”等在古文字阶段都为象形文字，隶定楷变以后大都在整字中作为标义构件。如“田”，《说文·田部》分析“象四囗。十，阡陌之制也”。象田地之形。这个构件在“畦”“町”“里”“男”等与“田地”意义有关的整字中充当标义构件。但在“画”“果”“胃”“番”等整字中却充当象形构件，依据《说文》的注释，构件“田”分别像“田地”“果实”“胃”“兽掌”之形，但楷化后“田”在形体上已经失去了原来的象形性。在魏晋南北朝简牍文字系统中将这些来源于象形构件的构件归入记号构件。

5．来源于隶定楷变，构件形体变异。在隶定楷变过程中，有些构件重新组合在一起，构件之间发生黏合、不能分析开来，形成了一些在古文字阶段没有的构件；还有些构件的形体发生了改变，形成了与古文字阶段截然不同的构件。在魏晋南北朝简牍文字系统中这样一些无法看出意义的构件归入记号构件。如“奏”“泰”“秦”“奉”等字在隶楷文字系统中具有相同的构件“𡗗”，但在古文字系统中却是有各自不同的标义构件。

奏：《说文·本部》：“奏进也。从夲从廾从中。中，上进之义。”小篆字形作，象两手持物状。隶定楷变过程中将标义构件“廾”与“中”黏合成一个构件“𡗗”，黏合后看不出新构件的意义。

泰：《说文·水部》：“滑也。从廾从水，大声。”小篆字形作。“泰”的构形本义从廾从水，水在手中，以表“滑”“利”之义，后又加入一个标音构件“大”。构件重组后“廾”与“大”黏合成一个记号构件“𡗗”。黏合后看不出构件的标音、标义功能，成为一个记号构件。

秦：《说文·禾部》：“伯益之后所封国。地宜禾。从禾，舂省。一曰秦，禾名。”小篆字形作。据《说文》的注释，“秦”的上部得形于“舂”。“舂”，《说文·臼部》：“从廾持杵临臼上。午，杵省也。”“𡗗”是标义构件“廾”与“午”黏合而成，黏合后已经看不出其意义，只是一种具有区别功能的符号。

奉：《说文·収部》：“承也。从手从廾，丰声。”小篆字形作。隶定楷变后，将标义构件“廾”与标音构件“丰”黏合成一个构件“𡗗”，“𡗗”在这里只是区别功能的构件了，只将“奉”和“举”等字形区别开来。

四个楷体字头虽然拥有相同的构件“𡗗”，但却分别是由“廾”和不同标音、标义构件黏合而成的，丧失了原有的构字理据，演变为一个只具有区别功能的记号构件。

要：《说文·臼部》：“身中也。象人要自臼之形。从臼，交省声。”

小篆字形作。“要”为“腰”的本字，象人两手叉腰的形态。隶定楷变之后，标形构件变形作“西”，标音构件“交”变形作“女”，完全失去了原有的构字理据，使“要”变成了一个记号字，构件“西”与“女”变成了记号构件。

6．来源于字形简化。魏晋南北朝时期，已经出现了一些简体字，将小篆字形原有的构件、笔画大为省减，形成了一些新的构件，失去了标音、标义功能，这里将这些由于字形简化形成的新构件归入记号构件中。

揚：《说文・手部》：“飞举也。从手昜声。”“昜”为“揚”的完全标音构件，声部、韵部完全相同。魏晋南北朝简牍用字中已经简化为“扬”，将标音构件简化成一个记号构件。

纍：《说文・糸部》：“缀得理也。一曰大索也。从糸畾声。”“畾”为“纍”的完全标音构件，声部、韵部全部相同。魏晋南北朝简牍用字中已经简化为“累”，将从三个“田”的“畾”简省成一个“田”，丧失了原有的标音构件，使“田”变成了一个记号构件。

通过以上对魏晋南北朝简牍文字构件的拆分，可以得出这一时期文字构件的以下特点。

（一）标义构件的数量明显少于标音构件，参构能度（构件构成汉字的能力）明显大于标音构件。魏晋南北朝简牍文字共有 271 个标义构件，却有多达 490 个标音构件，其比例约为 1∶1.8。标音构件的数量多，并不能说明它们在构形系统中有着比标义构件更为重要的地位，而是要看谁的参构次数或者参构能度大。270 个标义构件构成了 1179 个汉字，平均参构能度为 4.37 次 / 构件；490 个标音构件构成了 856 个汉字，平均参构能度为 1.75 次 / 构件。魏晋南北朝简牍文字系统中，标义构件的参构能度明显大于标音构件。这说明在这一时期的文字系统中，表义属性还是汉字的本质属性。标义构件的参构次数多且系统性强，相对而言，标音构件系统显得十分松散，每 7 个汉字会使用 4 个不同的标音构件。同一意义范畴的汉字一般只使用同一个标义构件，如与“水”义有关的汉字，一般都使用“水”

来作标义构件。但是声音相同或相近的汉字却会使用不同的标音构件，如“逼”“鼻”“彼”读音相近，却分别使用了不同的标音构件“畐”“畀”“皮”。

在同时期的石刻材料中，也反映出这一特点。根据调查，魏晋南北朝石刻楷书文字系统中有表义构件 837 个，示音构件 1679 个，其比例为 1：2.01[6]。

（二）记号构件的出现。在隶楷文字阶段出现了记号构件，在整个魏晋南北朝构件系统中已占相当比重，在全部 1492 个字头中有 235 个汉字具有记号构件，约占 16％。记号构件的出现是由于将一些失去象形功能的标形构件及隶定楷变后构件黏合无法拆分的一些构件都纳入记号构件当中。这些记号构件大都要借助其他标音、标义构件才能构成整字，只有少数的成字构件可以单独表意。

6 数据来自郭瑞，《魏晋南北朝石刻楷字的传承与变异》，华东师范大学 2008 届博士学位论文

第 3 节 魏晋南北朝简牍文字的构形模式

构形模式是指构件以不同的功能组合为全字从而体现构意的诸多样式。这些样式是由直接构件的功能决定的[7]。在上一节中，将魏晋南北朝简牍文字构件划分为三类，即标义构件、标音构件和记号构件，这三类构件搭配组合，构成了这一时期文字系统中的五种构形模式。

一、义音组合

这种模式是由标音构件与标义构件组合而成的，就是通常意义上的形声字。由于在魏晋南北朝时期，古文字阶段的标形构件已经大多数转化为标义构件，即赋予形体以固定的意义，构件带着这些意义去构成汉字。义音组合的名称比形声组合更符合实际。其中的标义构件规定字义的意义范畴，标音构件标示汉字的读音，并使所标记的结构意义在义音结构系统中实现对立区别，形成了同类字以音区别、近音字以义区别的格局。

古文字进入小篆阶段以后，义音组合已经成为占绝对多数的一种构形模式，《说文》中义音结构的汉字已经占到 87％以上，义音组合也被很多学者认为是汉字的最佳构形模式。如“伯”“帛”“泊”读音相近，依靠不同的标义构件区别意义；“江”“河”“湖”“海”有共同的标义构件“水”，要依靠不同标音构件来使意义有所特指、有所区别。

由标音构件与标义构件组合而成的隶楷字，魏晋南北朝简牍文字系统

7 王宁，《汉字构形学讲座》，上海：上海教育出版社，2002 年，第 58 页

中共有776个，占总字数的52.0%。

袍：从衣包声。标义构件为“衣”，“袍”应为衣服的一种。魏晋南北朝简牍文字中有这样的用例：“李龙文袍一领值三百八十”（流沙坠简·器物类36·20330），“袍”指袍子。标音构件为“包”，《玉篇》注音“袍，薄褒切”；“包，布交切”，“袍”与“包”的声部、韵部均相同。“袍”是一个义音组合构形模式构成的汉字。

貣：从貝代声。标义构件为“貝”，字义应当与钱物有关。魏晋南北朝简牍文字中有这样的用法：“貣麨五斗”（流沙坠简·禀给类36·20284），意思是借贷了五斗麨。标音构件为“代”，《玉篇》注音“貣，他代切”。“代”作为“貣”的反切下字，说明这两个字至少属于相同的韵部。“貣”是一个义音组合构形模式构成的汉字。

这一时期义音组合字所占比重较小篆阶段明显下降，其中的原因有以下几点。

（一）一些构件经过隶定楷变之后，形体发生了很大的变化，已经看不出原始的音、义，变成了记号构件，改变了原始的义音组合模式。如“孰”，小篆字形作，《说文·丮部》分析为“从丮䇂声”，意思是手拿煮熟的食物。魏晋南北朝用字中标义构件“丮”变形为“丸”，标音构件“䇂”省减作“享”，已经看不出原有的音、义，只能成为记号构件，改变了原始的义音组合模式。

（二）构件的音、义发生了变化，在整字中不再担任何标音、标义功能，改变了原始的义音组合模式。如“佳”，《说文·人部》注释为“从人圭声”，《玉篇》注音为“革崖切”。“圭”，《玉篇》注音为“古畦切”。二字的声部、韵部均不相同，“圭”已经不具标音功能，“佳”已经不再是义音组合模式的汉字。

（三）整字的意义、用法发生了改变，使原有的标音、标义构件丧失了标音、标义功能，变成了记号构件，改变了原始的义音组合模式。如“然”，《说文·火部》分析为“烧也。从火肰声”，为“燃”的本字，故其标义构件为“火”。魏晋南北朝简牍用字中“然”已不作燃烧义，如“无堪忝然”（流沙坠简·简牍遗文77·20569），这里“然”为“……的样子”之义，《玉篇》中“然”也有“如是也”的义项。“然”的意义已经改变，原有的标义构件“火”已经不再具有标示整字意义范畴的作用，只能作为记号构件，“然”也不再是义音组合模式的汉字。

虽然义音组合模式的汉字所占比重较小篆阶段文字有所下降，但仍然是最主要的一种构形模式，占到魏晋南北朝阶段文字的一半以上。

二、标义构件组合

这种构形模式是由两个或两个以上的标义构件组合而成，就是通常意义上的会意字。几个标义构件的组合意义构成整字的意义，单个标义构件只承担整字的一部分意义。

忘：从心从亡，为“忘记、不记得”之义。古人认为“心”为思考、记忆的器官，故“忘”从“心”；“亡”有“失去、遗失”的义项，所以“心”与“亡”两个构件共同合成“忘”的意义。魏晋南北朝简牍用字中有这样的用例“春君幸勿相忘”（流沙坠简 · 简牍遗文 35 · 20527）。

男：从田从力，在田里用力的人即为男子，与“女”相对。“田”与“力”共同构成“男”的意义。魏晋南北朝简牍用字中有这样的用例“南疆丘男子焉史……”（嘉禾五年 498 · 50498）。

《说文》中贮存的会意字约占总字数的 13％。魏晋南北朝简牍用字中采用标义构件组合模式的字头共计 219 个，约占总字数的 14.7％，与小篆阶段的比重大致相当。但也有一些在小篆阶段为标义构件组合的汉字到魏晋南北朝隶楷阶段时由于整字意义或构件意义的改变，而改变了标义构件组合模式。

吉：《说文 · 口部》：“善也。从士、口。”构件“士”，据《说文》《玉篇》的注释字义为“事”，在魏晋南北朝简牍用例中意为“伍士”“庶士”（流沙坠简 · 簿书类 42 · 20153）。构件“口”为人用以说话、吃饭的器官，可以引申为嘴的动作。这里“口”与“士”的意义组合在一起已经构不成“善”的意义。在“吉”字中，构件“士”与“口”不能标示整字的意义，演变成了记号构件，“吉”也不再是标义构件组合模式构成的汉字了。

字：《说文·子部》：“乳也。从子在宀下，子亦声。”造字之初，“字”的本义为“生子”，构件“宀”和“子”都是标义构件。至魏晋南北朝时期，“字”的意义已经发生了很大的变化，有了“文字”的义项，如“……裁因数字值给复……”（流沙坠简·简牍遗文72·20564），这是一封书信，意思是无暇多写，只能写这寥寥几字。在表示“文字”义项的“字”中，“子”还可以作为标音构件，而“宀”已不能承担任何标音、标义作用，只能成为一个记号构件，而“字”也不再是一个标义构件组合模式构成的汉字。

三、标义构件与记号构件组合

这种构形模式是由标义构件与记号构件组合在一起，标义构件标示整字的大致意义范畴，记号构件不具标音、标义作用，只起区别作用。

寶：这个字由四个构件组成，分别是“宀”“玉”“貝”和“尔”。构件“宀”“玉”“貝”都与“寶”的字义有关，但是构件“尔”在这里不能承担任何标音、标义的作用，只是一个记号构件。“寶”就是一个标义构件与记号构件组合而成的汉字。

这类字中有不少在小篆文字阶段时是形声字，进入隶楷文字阶段后，由于标音构件变形、变音或者整字的读音发生改变，导致标音构件失去了标音的作用，变成了记号构件，而整字的字义没有发生很大的变化，就变成了标音构件与记号构件组合模式的汉字。

如上文提到过的“佳”，原始的标音构件“圭”读音发生了变化，丧失了标音功能，变成了记号构件；标义构件“人”还可以承担标义作用，“佳”在隶楷文字阶段就变成了标义构件与记号构件组合的汉字。

貴：《说文·貝部》：“物不贱也。从貝臾声。臾，古文蕢。”小篆字形作，是从貝臾声的形声字。至隶楷阶段文字，“臾”已经变形作“虫”，失去了它的标音功能，变成了记号构件。标义构件“貝”还标示整字的意义与财物有关。“貴”变成了标义构件与记号构件组合的汉字。

一些小篆阶段的指事字也归入这一构形模式中。如“本”和“末”，都是在“木”上添加一个指事符号“一”，以“一”所处的位置来标记整字的意义。在这两个字形中，“本”为标义构件，标示“本”“末”的意义范畴，“一”为符号构件，以“一”所处的具体位置标示“本”“末”的具体意义。所以“本”“末”是两个标义构件与记号构件组合而成的汉字。

一些在小篆阶段的象形汉字，进入隶楷文字阶段以后，原始形态的一部分演变成了可以标义的构件，而另一部分演变成了不能标音、标义的记号构件。

泉：小篆字形作，象流出泉水的泉穴。隶定楷变后变为上白下水的一个字形，构件“水”还可以标示“泉”的字义范畴，可以作为标义构件，构件“白”不具任何标音、标义作用，只能是一个记号构件。“泉”在魏晋南北朝隶楷文字阶段就只能是一个标义构件与记号构件组合而成的汉字。

一些在小篆阶段就是由标义构件与象形构件组合而成的汉字，到隶楷文字阶段以后，原始的象形构件已经失去了象形意味，只能作为记号构件了。

胃：小篆字形作。《说文 · 肉部》：“从肉；囷，象形。”隶定楷变后，象形构件“囷”变形作“田”，失去了象形意味，变成了记号构件。构件“肉”虽然变形作“月”，但在隶楷文字阶段几乎所有从“肉”的字都写作从“月”，仍然可以认为构件“月”具有标示“肌肉”“人体器官”意义的作用，“月”在“胃”中还是一个标义构件。“胃”是一个标义构件与记号构件组合而成的汉字。

还有一些汉字是由于在隶定楷变过程中，构件之间黏合无法拆分，丧失了构件的标义作用。

曹：小篆字形作。《说文 · 曰部》：“狱之两曹也。在廷东，从㯥；治事者，从曰。”依据《说文》的注释，“曹”是一个会意字，同时“㯥”具有标示读音的作用。进入魏晋南北朝隶楷文字阶段，“曹”变形作“曹”，构件“㯥”发生黏合，已经不能分辨其音、义，变成了一个标义构件与记号构件组合而成的汉字。

在魏晋南北朝简牍文字系统中，共有标义构件与记号构件组合而成的汉字 181 个，占总字数的 12.1%。

四、标音构件与记号构件组合

这种构形模式是由标音构件与记号构件组合而成的，标音构件标示汉字的读音，记号构件不具标音、标义作用，只起区别作用。

第：在魏晋南北朝简牍文字用例中意义为“次序”，如“第一”（流沙坠简·急就篇·20046）。在这个义项当中，“竹”不具备任何标义作用，只起区别作用，将“第”与“弟”区别开来。标音构件为减省笔画后的“弟”。“第”是一个标音构件与记号构件组合而成的汉字。

这一类汉字主要来自小篆阶段的形声字，由于整字或标义构件改变了意义，原来的标义构件失去了标示整字意义的作用，变成了记号构件，而整字的读音没有发生太大的改变。这样，原来的小篆阶段的义音组合的汉字就变成了隶楷阶段的标音构件与记号构件组合的汉字。

常：《说文·巾部》：“下　也。从巾尚声。”“常”在造字之初的本义是衣服的一种，所以从“巾”表示与“服装”有关，“巾”是标义构件。同时在《说文·巾部》中还贮存了字形“裳”，从衣尚声，标注为“常”的或体。到了魏晋南北朝隶楷文字阶段“常”已经不再表示“衣服”的意义，而用来表示“经常”“永久”的意义。“常”在走马楼吴简中是一个使用频率很高的汉字，如“佃田二町，合六亩，皆二年常限”（嘉禾五年1009·51009）。“常”的意义发生了改变，构件“巾”已经不再具有标义作用，变成了记号构件；“尚”的读音还与“常”接近，仍具有标音作用。所以“常”是一个标音构件与记号构件组合而成的汉字。

一些在小篆阶段是由标音构件与象形构件组合而成的汉字，到了隶楷文字阶段，由于经过隶定楷变，象形构件失去了象形意味，变成了记号构件。这样的汉字将其归入标音构件与记号构件组合模式。

齒：小篆字形作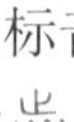，《说文·齒部》：“口断骨也。象口齒之形，止声。”“止”在这里依然具有标音作用，但是原来象形的构件失去了象形意味，变成了记号构件。“齒”在隶楷文字阶段变成了一个标音构件与记号构件组合而成的汉字。

在魏晋南北朝简牍文字系统中，共有标音构件与记号构件组合而成的汉字 30 个，约占总字数的 2%。

五、记号构件组合

这种构形模式由一个或一个以上的记号构件组成。

只有一个记号构件组成的汉字主要来自古文字阶段的象形文字，如日、月、山、水、木、心、子、女、刀、户、舟等。由于隶定楷变以后，线条固定成笔画，使这些象形文字失去了象形的意味，看不出所象之物，也看不出读音。但这些记号字经过溯源很容易联想到它所象的东西，获得音义。如"日"指太阳，太阳是圆的，而楷书阶段的"日"变成了长方框，使人很难与太阳联系起来。但如果恢复到古文字阶段的"日"，就很容易使人联想到太阳的形态。这些记号字往往是日常生活中最为习见的事物，可以作为标音、标义构件与其他构件一起去合成整字，具有很强的参构能力。如"日"作标义构件可以构成晨、旦、昏、时、早等汉字，"日"作标音构件可以构成替、耆等字，在魏晋南北朝简牍用字中"日"作为构件构成的汉字共有 30 个。

一些在魏晋南北朝阶段字形经过明显的简化，已经无法拆分的汉字也归入独体记号字。如门、书、长、东、关等。

一些用于干支记法的汉字及一些古代的假借字也无法拆分出具有标音、标义作用的构件，将它们的形体溯源后也找不到字形与字义的关系，也将这些字也归入记号字。如甲、乙、丙、丁、而、我、尔、不、才、凡等。

还有一些记号字是来源于小篆阶段的形声字、会意字，这些整字中的构件或由于意义、读音发生改变，或由于隶定楷变之后构件形态之间发生黏合不能拆分，在整字中不再能标示意义、读音，而变成了记号构件。

兼：小篆字形作 。《说文·秝部》："并也。从又持秝。"是手拿二禾的形体，取合并之义，在小篆阶段是一个会意字。隶定楷变之后，二禾的形体已经不能分离出来，"兼"变成了一个不能拆分出有理据构件的

汉字，成为了一个记号字。

更：小篆字形作。《说文 · 攴部》：“改也。从攴丙声。”在小篆阶段是一个形声字。进入隶楷文字阶段以后，标义构件“攴”与标音构件“丙”发生变形、黏合，两个构件交叉在一起，无法进行拆分。“更”变成了一个记号字。

在魏晋南北朝简牍文字系统中，共有记号字 287 个，约占总字数的 19.2%。

通过以上对魏晋南北朝简牍文字系统构形模式的分析及数量的统计，可以看出隶楷阶段文字的构形特点。

（一）义音组合仍是最主要的构形方式，占有绝对优势。虽然所占比重较小篆阶段文字有所下降，主要原因是随着汉字的发展，构件及整字的义、音都发生了改变，并不是在隶楷阶段要故意摒弃义音组合方式。随着隶楷文字的继续发展，标音构件与标义构件的应需变化，与新造字的大量产生，到了宋代楷书成熟阶段，义音合成字又占到了 81.12% [8]。

> 义音合成字既能显示意义信息，又能显示语音信息，具有很大的优越性，完全适合汉语的特点。它利用标义构件和标音构件相互配合，分工合作，互为区别，互相限定，具有很大的区别性；它利用有限的构件和有限的构造模式，可以组合出无限的字形，具有很高的能产性；它的标义构件和标音构件使汉字的类聚成为可能，具有很强的系统性。正因为如此，这种义音合成字成了汉字发展的主要方向。[9]

（二）在五种构形模式中，标义构件是最活跃的构形成分，有标义构件参加构形的汉字约占到总数的 78.6%，表意属性是隶楷文字的本质特性，

8 数据来自王立军，《宋代雕版楷书构形系统研究》，上海：上海教育出版社，2003 年，第 45 页

9 王立军，《宋代雕版楷书构形系统研究》，上海：上海教育出版社，2003 年，第 45 页

隶楷文字是表意系统文字。

许慎概括总结出了小篆阶段的四种造字模式——象形、指事、会意、形声，在这四种造字模式中，全部都有标形、标义构件的参与。在魏晋南北朝隶楷文字阶段归纳出的五种构形模式中，标义构件参与了其中的三种模式——义音组合、标义构件组合和标义构件与记号构件的组合。在绝大多数汉字中都能找到标示字义的构件，魏晋南北朝简牍文字仍是表意系统文字。

第4章

魏晋南北朝简牍文字构形理据

第 1 节 汉字的构形理据

文字是记录语言的符号，语言是音义结合的词汇语法体系。用文字来记录语言，就是使文字符号和语言成分建立固定的联系。这种联系可以是任意的，就是无理据的；也可以是有道理可说的，就是有理据的。

不同类型的文字，它的理据性表现的方式不同。原始文字采用的构字方法主要是表形和表意，表音是偶尔的例外，所以叫形意文字。像我国尔苏人使用的沙巴文和纳西族使用的东巴文就是形意文字。这种文字的理据性表现为用形符来表形，用意符来表意。汉字是成熟的文字，采用的构字方法主要是表意和表音，表形是原始文字的孑遗，所以叫意音文字。这种文字的理据性表现为用意符来表意，用音符来表音。表音文字也叫字母文字，这种文字用字母表示音素或音节，字母按照一定的规则拼合起来就能表示出相应的词的读音。在这种文字里，凡是能表音的字母就是有理据的，不能表音的字母就是没有理据。一般来说，理据性高的文字，学习和使用比较方便；理据性低的文字，学习和使用比较困难，因为许多成分要靠机械地记忆。[1]

构形理据是指汉字的构形体现了何种造字意图，带来了哪些意义信息，又采用了何种手段来与相似字和同类字相区别。汉字的构形理据因社会约定而与字形较稳定地结合在一起，它是汉字表意性质的体现。[2]

构形理据是依靠汉字的结构来实现的，汉字结构是构形理据的集中体现，用什么样的构件、什么样的结构来构成汉字，这些构件要赋予汉字什么意义，是研究汉字构形理据首先要解决的问题。汉字的形体自甲骨文始

1 参见苏培成，《现代汉字学纲要》，北京：北京大学出版社，2001 年，第 102 页

2 王宁，《汉字构形学讲座》，上海：上海教育出版社，2002 年，第 24-27 页

至现行的文字，经历了隶定楷变、文字简化等重大变革，也发生了很大的改变，构形理据也必然随之发生改变。

汉字发展初期的甲骨文与金文是用线条直接描绘事物的形体来构字的，即以物体的形体来构造汉字。据统计，在甲骨文阶段有 77％以上的汉字有标形构件参与构字[3]。而且由于甲骨文以契刻方法成字，金文以范铸出字，相比较而言，范铸比契刻更容易使汉字成形，所以金文较甲骨文的线条更加圆滑，象形化程度更高。

汉字发展到篆文阶段，已经成了比较规范的文字，有了较为固定的写法，构件的形态、位置相对稳定。此时的文字，基本保留了甲金文字的构形理据，依据《说文》的分析，大部分文字都可以用许慎创立的四种造字法来分析。但由于构件形态的变化，已经出现了少数字形与说解不太吻合的文字，如“受”，金文作（受父乙卣），取两手交付舟的意义。《说文・𠬪部》：“受，相付也。从𠬪，舟省声。”小篆字形作，两手的形态还可以看出，但构件“舟”已经简化写作“冖”，失去了原有的表义性。

汉字继续发展，到隶楷文字阶段时，汉字已经变线条为笔画，将圆转的线条变成横平竖直的笔画，使汉字的象形意味大为缩减，许多原始构件由于音、形、义的改变，已经变成了符号。但大部分文字仍然具有可分析性，可以分析出符合造字理据的构件。

上一章将魏晋南北朝简牍用字的构形方式分为义音组合、标义构件组合、标义构件与记号构件组合、标音构件与记号构件组合和记号构件组合五种模式。其中的义音组合和标义构件组合，由于每部分构件都起到标示汉字读音、意义的作用，可以看作是有理据字；标义构件与记号构件组合和标音构件与记号构件组合，由于一部分构件有标示读音、意义的作用，一部分构件只充当区别字形的作用，没有标示读音、意义，可以看作是半理据字；记号构件组合字由于整字中没有标示读音、意义的构件存在，可以看作是无理据字。

3 丁秀菊，《论汉字的构形理据及其演变》，《山东大学学报》（哲社版），2005 年第 3 期

第 2 节 魏晋南北朝简牍文字构形理据测查

从目前所见到的最早成系统的文字——甲骨文，到魏晋南北朝隶楷文字,汉字已经有了2000多年的历史,基本上实现了从古文字到今文字的转变。以上一章的构形分析为基础，将隶楷文字与古文字相比较，可将魏晋南北朝简牍文字的构形理据分为理据的传承、理据的隐匿、理据的丧失和理据的重构四类。

一、理据的传承

理据的传承是指在隶楷文字阶段沿袭了古文字阶段的构形理据，还可以看出整字的构字理据，可以看出构件与整字之间的音义关系。从理论上来讲，汉字是表意系统的文字，只要汉字的这一本质属性没有发生改变，汉字的构形系统就应该是一脉相承的，这也正是直至今天，甲骨文、金文仍然可以被认读的原因。虽然经过几千年的发展变化，形体有了很大程度的变化,但只要将各时期的字形排列在一起,还是可以寻找到其演变的轨迹。

魏晋南北朝简牍文字中对古文字构形理据进行传承的汉字共 807 个，占总字数的 54.1％。如“賜”，《说文・貝部》：“賜，予也。从貝易声”。魏晋南北朝简牍用字中有这样的用例：“嘉禾二年冬賜布一匹”（竹简 8304・30887），此处“赐”为赏赐之意，赏赐的东西非钱即物，字义与钱物有关。据《玉篇》的注音，“赐，思渍切”；“易，余赤切”。二字的韵部相近，“易”在这里具有标示整字读音的作用。“赐”在此时，仍然能显示出当时的造字意图，这样的汉字可被视为对造字理据传承的汉字。

再如“教”，《说文・教部》：“教，上所施下所效也。从攴从孝。凡教之属皆从教”。“攴”是用以“教”的方法，“孝”是“教”的目的，是一个会意字。魏晋南北朝简牍用字中有这样的用例：“兵曹史高徽白教如右前……”（流沙坠简・简牍遗文53・20545），此处为教导的意思。“攴”与“孝”合成了“教”的意思，也是传承原始造字意图的一个汉字。

有些汉字在隶定楷变过程中，构件的形态发生了较大的改变，如“火”写作“灬”“心”写作“忄”等，但只要将从“灬”、从“忄”的字全部排列在一起，还是可以看出这两个构件所标示的意义。如“热”“烈”“煎”等都与“火”的意义有关，“快”“怕”“情”“慎”等都与心理状态、内心活动有关。将变形后的构件恢复到整个部类仍然可以找到其所标示意义的汉字，这类汉字可归入对原始构形理据传承的汉字。

大部分在古文字阶段的形声字与会意字仍然保留了其原始的造字意图。在魏晋南北朝简牍用字中有一半以上的汉字传承了原始的造字意图，说明隶楷阶段的汉字在总体上还是保持了汉字构形系统的一脉相承性。

二、理据的隐匿

理据的隐匿是指在魏晋南北朝隶楷文字阶段，有些汉字由于构件的变形、省减，导致构形理据在现存的汉字形体中无法完整地体现，但如果将这些汉字的形体恢复原状，或将这些有规律可循的省减、变形构件归纳总结，还是可以找到其理据。这样的汉字可归入较原始造字意图而言理据隐匿的汉字。在魏晋南北朝简牍用字中共有68个这样的汉字，占总字数的4.6%。

有些构形理据隐匿的汉字源于隶定楷变过程中构件的黏合，如在上一章中分析过的“奉”“奏”“泰”等，“廾”与不同的构件黏合而成“𡗗”，但从“𡗗”中我们看不出其原始形态，在此没有标示读音和字义的作用。但如果将这个构件恢复到黏合之前的形态，这些字的理据仍然是可以分析的。

大部分构形理据隐匿的汉字源于整字构件的省减，即为了书写的方便或构件布局更加严谨、美观，只保留构件的部分。其中又可分为对标音构件进行省略（即省声）和对标义构件进行省略（习惯又称为省形）。这样的构件省减有些是源于古文字阶段，有些是在隶楷文字阶段新产生的。如“炊”，《说文 · 火部》：“炊，爨也。从火，吹省声”。小篆字形作。“炊”在古文字阶段就写作“从火从欠”的字形，已经将标音构件“吹”省写作“欠”。但构件“欠”本身具有音、义，在汉字“芡”“坎”中充当标音构件，在汉字“吹”“欣”“欢”中充当标义构件。只有将它复原成“吹”，在“炊”字中才具有标音作用。但是这样的联想复原具有不确定性，如果复原成“欣”或“坎”，那么构件“欠”在“炊”中就不具备标音作用了。这样的汉字归为构形理据隐匿类型。

三、理据的丧失

构形理据的丧失是指一些汉字在隶定楷变过程中，构件发生了变异，导致丧失了原有的造字意图。在魏晋南北朝简牍用字中共有 441 字完全或部分地丧失了构形理据，占总字数的 29.6％。

古文字时期的象形字在魏晋南北朝隶楷文字阶段全部丧失了构形理据，因为隶楷文字阶段已经变圆转曲折、“画成其物”的线条为横平竖直的笔画，丧失了象形性。如“日、月、山、水”等字，在古文字阶段都是尽量用线条描摹其形态，用事物的形象来标示整字的意义。可是在隶楷文字阶段，这些事物的形象已经根本无法看出。这些汉字可归为构形理据丧失类型。

魏晋南北朝简牍用字中，还出现了一些形体大量省减，与现行简化字同形的字样。这些字样将标音、标义构件省减，丧失了原有的造字意图。如“東”，在小篆阶段为“从日在木中”的会意字，魏晋隶楷文字阶段出现了写作“东”的字形，“东道絶久，实乏牢物”（流沙坠简 · 简牍遗文 41）。小篆字形中的构件“日”与“木”在隶楷文字阶段都已经看不出来了，“东”成了一个记号字，丧失了原有的构形理据。

再如“還”，《说文 · 辵部》：“還，復也。从辵瞏聲”。小篆字形作，在小篆阶段为“从辵瞏声”的形声字，魏晋南北朝简牍用字中已

经写作“还”，“去三月一日骑马诣元城收责（债），期行当还不充……”（流沙坠简 · 简牍遗文 17 · 20595），将标音构件“睘”改写作“不”。《玉篇》注音：“还，胡关切”；“不，甫负切”。二字的声部、韵部均不相同，“不”已不具备标注读音的作用，丧失了原有的造字理据，成为一个标义构件与记号构件组合而成的汉字。由“還”写作字形较为简单的“还”，是一个逐渐变化的过程。小篆阶段，写作，可以拆分出两个直接构件“辵”与“睘”，四个二级构件“彳、止、罒、袁”。魏晋南北朝隶楷文字阶段，出现了下列形态：（孔纸 4 · 20627）、（流沙坠简 · 簿书类 29 · 20140）、（流沙坠简 · 简牍遗文 17 · 20595），这些字样一个较一个简化。这三个字样中，全部将“彳”与“止”黏合为“辶”，字形得到简化。第一个字样的标音构件“睘”还基本保留了小篆时期的写法，到第二个字样中已经将二级构件“袁”简化成“不”，到第三个字样中已经只剩下两个直接构件“辶”与“不”。从这三个字形中我们可以看出构形理据由传承走向隐匿直至丧失。

魏晋南北朝时期大部分的独体字，都属于构形理据丧失的汉字。如“父”，小篆字形作，《说文 · 又部》：“矩也。家长率教者。从又举杖”，取“手持杖教子”的造字意图。进入隶楷文字阶段，已经拆分不出构件“手”与“杖”，看不出原始的造字理据。

再如“白”，《说文 · 白部》：“阴用事，物色白。从入合二。二，阴数。凡白之属皆从白”。商承祚《〈说文〉中之古文考》：“甲骨文、金文、钵文皆从日锐顶，象日始出地面，光闪耀如尖锐，天色已白，故曰白也。”[4] 无论“白”在古文字阶段是“从入合二”的会意字还是“象日始出地面”的象形字，到了隶楷文字阶段，已经成为一个不能拆分且失去象形意味的记号字，丧失了构形理据。

有些构形理据丧失的汉字源于隶定楷变过程中构件的变形，一个构件改变形态甚至变成另外一个构件，已经不能再体现原始的造字意图。如“赤”，

4 转引自《汉语大字典》（缩印本），成都：四川辞书出版社，1989 年，第 2642 页

《说文 · 赤部》：“赤，南方色也。从大从火。凡赤之属皆从赤”。小篆字形作。“赤”的造字意图是要反映大火的颜色，所以从大从火，是会意字。隶定楷变过程中，将本写作“大”的构件改写为与之形近的构件“土”，将构件“火”改写作“小”。“小”可以视为是“火”的变体之一，“火”作为构件出现在字的底部时还经常写作“灬”。“大”与“土”却是两个截然不同，具有各自音、义的独立构字成分。“土”与“火”的意义组合得不到“赤”的意义，“赤”在隶楷文字阶段丧失了构形理据。同样的情况还有“走”，隶定楷变过程中，也将代表人形的构件“大”变形为“土”，使整字丧失了原来的构形理据。

四、理据的重构

有些汉字在隶定楷变之后，形体发生了改变，已经不能用古文字阶段的造字理据对其字形进行分析，或者是古文字阶段没有、隶楷文字阶段的新造字，这些汉字中的新构件在新字形中仍然具有标示音、义的作用，字形的理据仍然可以进行新的、符合系统的解释，这类汉字可归入构形理据重构的汉字。

魏晋南北朝简牍用字中对构形理据重构的汉字有 173 个，占总字数的 11.6％。

有些汉字在字形演变过程中，构件发生了改变，丧失了古文字阶段的造字理据，但使用的新构件仍然具有标示音义的作用。如“耡”，《说文 · 耒部》：“耡，商人七十而耡。耤税也。从耒助声”。在造字之初，“耡”是一个义音构件合成字，字义为一种赋税制度，后引申为耕锄、锄头之义。魏晋南北朝实物材料用字中出现了字样“鋤”，现在所见当时的字书没有收录，实际用法与“耡”相同。在字形“鋤”中，构件“助”仍然具有标音作用，构件“金”是以“锄头”的材质来标示整字的意义范畴。“鋤”仍然是一个义音构件组合而成的汉字，只是标义构件发生了替换。

再如“辤”，《说文 · 辛部》：“辤，不受也。从辛从受。受辛宜辞之”，在古文字阶段是一个“从辛从受”的会意字，取“受辛宜辞之”之义。魏晋南北朝实物材料用字作“辞”，两个直接构件为“舌”与“辛”，取“舌遇辛宜不受”之义，仍然是一个标义构件组合而成的汉字，但标义构件发生了改变。构形理据得到了重构。

一些《说文》没有收录，但可以用合理的分解对其进行解释的汉字，由于没有可以相比较的对象，我们也将其归入构形理据重构的汉字。如“彩”，《说文》没有收录，但《原本玉篇》及《篆隶万象名义》都有收录，说明至迟在魏晋南北朝阶段“彩”已经被使用了，其字义为“五彩备”，应是一种彩色的丝织品。在同时期的简牍材料中也出现了这个字，如“绫彩匹数”（孔纸 14.2 · 20663）。在这里“彩”是与“绫”类似的丝织品且具有颜色，“采”在《玉篇》中已经具有“颜色”的义项，所以“糸”与“采”为标义构件；据《玉篇》标注的读音，“彩，七改切”；“采，且在切”，二字的声部、韵部完全相同，“采”还具有标示整字读音的作用。所以“彩”是一个标义构件合成的汉字，同时构件“采”具有标音作用。

再如“堆”，《说文》没有收录；《篆隶万象名义》注“堆，都迴反。高也，阸也”；《玉篇》注“堆，都回切。聚土也”。据这些注释，构件“土”为标义构件，取“聚土而高”之义；构件“隹”据《玉篇》注释“隹，之惟切”，与“堆”具有相同的韵部，具有标示读音的作用。因此，“堆”是一个义音构件合成字。

通过以上对魏晋南北朝简牍文字构形理据的分析，可以得出以下结论。

（一）在魏晋南北朝阶段仍然具有构形理据的汉字共 1048 个，占总数的 70.2%；丧失了构形理据的汉字共 441 个，占总数的 29.8%。依此结论，可以判定魏晋南北朝简牍文字仍然是具有理据的文字。

（二）构形理据是具有时代性的，随着时间的推移、字形的演变、字义的变化，构成汉字的构件发生了改变，构件在整字中的作用势必会发生变化。有些构件仍然具有标示音义的作用，有些构件丧失了原有的作用，还有些构件形态虽然发生了改变，但新构件仍然具有标示音义的作用。判断一个汉字是否具有构形理据时应站在某一时间点，找到这个字形在整个汉字发展系统中的位置。构形理据的保留或部分保留是汉字发展演变的必然。

（三）隶楷文字阶段，大部分整字在直接构件层面就可以找到其构形理据，越往下层拆分，理据保留得越少。

（四）古文字阶段所有的象形构件已经失去象形性，成为了一种被赋予特定音、义的符号，当这些符号构成汉字的时候，如果将具有这些构件的汉字排列在一起，仍然可以看出其标音、标义作用，可以看作构件把所具有的音义带入整字。如“馬”在古文字阶段是象形字，但进入隶楷阶段以后已经看不出其象形的意味。如果将含有构件“马”的字排列在一起，如“驰、驮、驾、驭、驱、骑”等，可以看出“马”在这些字中充当标义构件，这些字的字义都与“马”的动作或人施加于“马”的动作有关。在“妈、玛、码、吗、骂”等字中，可以看出“马”具有标示读音的作用，这些字的声部、韵部都与“马”相同。构件的义化，是汉字向符号化迈进的重要步骤，是汉字构形系统走向成熟的标志，是隶楷阶段体现汉字构形理据的重要手段。

第 3 节 魏晋南北朝简牍文字构形理据的弱化

一、文字理据度比较：古文字与魏晋南北朝简牍文字

在古文字阶段，也就是文字的使用初期，任何一个字的出现都是有理据可循的，不会出现无理据的汉字。这时期的文字与图画近似，是人们对客观存在的物体认真观察、仔细分析后进行艺术化摹写、勾勒的结果，用可以代表物体特性的图画来表示一个客观存在的物象。如甲骨文中“虎”的写法虽然很多，但都是在描摹老虎的模样，有的描摹了虎的全貌，有的勾勒虎的轮廓，有的突出其巨口、利齿，有的突出虎身上的斑纹……初期的汉字就是用“随体诘诎”的线段画出客观存在的事物，所以字形与物象的相似性是早期文字的典型特征。“盖圣人不空作，皆有依据”[5]，这个依据就是客观事物的形体。但在复杂的社会生活中，这种描摹事物形体的象形字显然不能满足需求，因为一些抽象的心理、感情、思想、观念等都是无形可象，无法描摹的。于是早期的文字使用者就“通过此事物与彼事物的相似关系、通过客观存在与主观认识的曲折的间接的联系，借助经验和联想来‘曲径通幽’”[6]。如要表达意义相对抽象的“本”和“末”就要借助在象形字上添加指事符号的方法，要表达“足”的多种动作，就要借助在“足”之外添加标音构件以示区别的方法。

“篆书以上的早期汉字，是字字有理性的，因为它还保留着较多的图画

5 许冲，《说文解字序•许冲上表》，北京：中华书局，1963 年影印陈昌治本

6 丁秀菊，《论汉字的构形理据及其演变》，《山东大学学报》（哲社版），2005 年第 3 期

成分。"[7]具体而言，象形字是直接描摹客观存在的事物，构形理据最为明显；而指事字、会意字、形声字则只有部分象形成分，构形理据相对隐匿。在古文字阶段，"画成其物，随体诘诎"的象形字是汉字构成中必不可少的因素。

庄义友先生从汉字字形的生成过程总结出了字形直接象物表意、字形直接象事会意和字形直接象意、间接谐声三种模式，并从这三种模式入手分析了古文字的构形理据。所谓直接象物表意，是指"人们在构拟某个汉字字形时，直接以客观事物的外部表现作为参照，通过摹拟客观事物的形象或形象特征，创制出一个与物形具有明显相似性的图形符号"，就是用"'像此者'的字形来象征某种客观事物的符号创制模式"；直接象事会意就是"人们通过对这些字形（由多个象物符号构成的）中各种符号成分的把握，引起相关事物的联想，再结合一定的社会生活经验推导出一定的事象或事理，从而领会整个符号所包含的意义"；直接象意、间接谐声是指由表意符号成分和表音符号成分共同构成汉字的造字模式，其中的表意符号成分提供一个既清晰又模糊、既可以捉摸又模棱两可的意象，表音符号成分仅能提供一个可同语言中某个声音形象挂上钩的字音，人们需通过这个声音形象的能指作用与其所指联系起来[8]。按照这三种造字模式逐一考察古文字，发现不论是直接象物表意的汉字构造还是直接象事会意、直接象意间接谐声的汉字构造，都有其构形理据，区别仅仅在于，一种是客观存在的物象与字形的相似关系，一种是基于相关事物的相似性然后融入人们的经验与联想的曲折会意，前者是直观的，后者是间接的。

汉字经过较长时间的发展演变，进入隶楷文字阶段，字形发生了较大的改变，彻底改变了文字的象形性，与以象形性为主要造字手段的古文字相比，构形理据度的下降是必然现象。据调查，在这一阶段只有约70％的汉字具有构形理据，构形理据保有率较古文字阶段大为下降。

7 殷焕先，《汉字三论》，济南：齐鲁书社，1981年，第8页

8 参见庄义友，《汉字的造字理据与字形构造模式》，《韶关学院学报》（社科版），2001年第7期

二、文字理据度比较：“篆隶”与魏晋南北朝简牍文字

汉字进入小篆阶段，已经经过了较大规模的规范化运动，虽然还属于通常意义上所说的古文字系统，但已经有了较为固定的形态，可以进行拆分；虽然还用曲折的线段保留对事物的象形性，但象形程度较古文字初期已降低很多。许慎的《说文》就对小篆的9000多个字形逐一说解，按部归类，分析字形与字义之间的关系，用四种造字法对这些字形进行分析，试图将其纳入一个合理的构形系统中。尽管有些分析已经很牵强，还有极个别的字形标注“未详”“不明”，这说明在小篆阶段，已经有一些字形丧失了构形理据，或者构形理据发生隐匿，但这些字样只占极少数，并不影响小篆文字的表意属性。

由于象形化程度降低，一些在古文字初期形体差别很大的字形在小篆阶段已经变得极易混淆了。如：“月”，在甲骨文时期作（粹六五九），象月亮的形态，小篆阶段写作；“肉”，在甲骨文时期写作（乙一八八），象一肉块的形态，小篆阶段作。在小篆阶段“肉”与“月”已经很难分辨了。

如果说小篆早期阶段的文字多少还带有一些图画成分，在某种程度上还具有象形性，那么到了小篆向隶书的过渡时期，象形意味就更加削弱了。笔画逐渐形成，变曲折的线段为直线，并改变了线段的数量与连接状态，破坏了汉字原有的结构，去除了原有的象形性，改变了汉字的构形理据。从构件层面而言，由于书写元素的改变导致大量的构件形近而混。如在篆隶阶段，“肉、月、舟”在作构件时，已经不能从形体上对其进行区分，只能通过追溯整字的字源来加以分辨。

进入篆隶阶段以后，汉字的构形理据也发生了变化。在古文字阶段，只要字形与所描述的事物具有相似的形体，就可以说某个汉字具有构形理据，因为古文字阶段，描摹事物的形态是最主要的造字方法。随着人们生活范围的扩大、思想意识的发展，象形法已经不能满足日常表达的需要，进入篆隶文字，形声法成了最主要的造字方法。那么标义构件能否标示汉字的意义范畴，标音构件是否与整字的读音相同或相近，就成为判断一个

汉字是否具有构形理据的重要标准。

进入隶楷文字阶段，笔画已经完全形成，隶书波势挑法，楷书横平竖直，汉字的象形意味已经丧失殆尽，象形造字法在此时已经绝迹，采用象形造字法的汉字发展到此时也已经变成了毫无象形意味的符号。在构件层面有更大批的构件形近而混，也使构形理据度受到极大的冲击。如前文分析过的"奏、奉、春、泰"，虽然在隶楷阶段具有相同的构件"夫"，但却是由古文字阶段不同的构件黏合而成的。再如"烈、燕、無、為、馬、鳥"在隶楷阶段文字形体中都有"灬"，但在古文字阶段确是有些来源于标义构件"火"，有些来源于象形符号。再加上在隶楷文字阶段，出现了一些形体极为简化的汉字，构形理据也随之发生了极大的改变，上文已有分析，兹不赘述。隶楷阶段的文字较篆隶阶段文字而言，构形理据度更加降低。

"就汉字来说，破坏一分构形的图画意味，也就是破坏一分汉字的构形的有理性，因为汉字构形的有理性恰恰是和汉字构形的图画意味紧密相连的。但这也是'无可奈何'的事情。汉字如果要较好地尽它的交际职能，它就必须得较多地破坏它的图画意味，也就是必得较多地破坏它构形的有理性。它要在破中前进。[9]"汉字的简化和书写元素的变化，是书写便捷的必然要求，但这一变化却给构形理据的体现带来了不利影响。从使用的角度来说，汉字的形体越简单，书写速度就越快、越便于使用；从理据的角度来说，汉字的形体越复杂，理据的保留度就越高。书写和理据对形体的要求是相互矛盾的。"汉字职能的发挥，是两个不可缺少的环节合成的，这就是书写和认读。就书写而言，人们总希望符号简单易写；而就认读而言，人们又总希望符号形象易识。然而越简单，就越丢掉信息，给认读带来困难；追求信息量大、区别度高，就需要形象丰满，也就难免增加符号构形的复杂度，给书写增加负担。二者的要求是对立的，必须加以调节。汉字就是要在这个调节过程中，寻求简繁适度的造型。"[10]

9 殷焕先，《汉字三论》，济南：齐鲁书社，1981 年，第 29 页

10 王宁，《汉字的优化与简化》，《中国社会科学》，1991 年第 1 期

第 5 章

魏晋南北朝简牍文字的历史地位

第1节 隶楷文字的历史地位

一、走向成熟阶段的今文字

文字学界通常认为小篆是古文字阶段的最后一种字体，隶书是今文字阶段的开始。篆文与隶书同产生于战国时期，从时间层次来看，魏晋南北朝简牍文字显然应归属于今文字阶段。

由隶书开始，文字进入了一个与古文字阶段迥然不同的新的发展阶段，即今文字阶段。与古文字相比，成熟的今文字的最大特点就是形成了完善的笔画系统，可以用少数几种笔画来书写所有的汉字；形成了完善的构形系统，可以用数量有限的一些基本字符来构成所有的汉字。如果用这两个标准来衡量魏晋南北朝简牍文字，可以说魏晋南北朝简牍文字是走向成熟阶段的今文字，它已经具备今文字的基本特点，但与成熟的今文字相比还有需要进一步完善的层面。

在古文字阶段，象形功能是汉字的基本功能，用线条描摹事物的形态是最主要的造字方法。在汉字的发展过程中，象形构件不断义化，向表义构件发展。在小篆阶段，汉字构件的义化进程已经基本完成，但这种义化还很不彻底，很多小篆字形在形体上仍然具有物象特征。在魏晋南北朝简牍文字中，象形构件已经彻底消失。参与构字的成字构件已经是音义化的符号，以它们在语言中所承袭的音与义进行字形的参构。这些构件，不仅在功能上摒弃了象形，而且在形体上，也丧失了小篆阶段仍然存在的物象化特征。

古文字阶段的文字形态，是由一些“随体诘诎”的曲折的线条构成，物象特征决定这些线条的走向。线条的形态、数量、起讫点都不固定，有些还与正常的书写顺序相悖，这时期的文字还不能纳入笔画系统中。进入小篆阶段，用圆转匀称的线条来改写古文字阶段的曲线，线条的运动轨迹不再一味随物象决定，而是要服从字形结构造型的需求。小篆阶段的线条粗细一致、形体整齐，为笔画系统的形成创造了基本条件，使笔画系统的形成成为可能。

进入隶楷文字阶段，运笔的方向脱离了象物性，变成了纯粹的书写元素，完全以是否便于书写为原则，“运笔的轨迹由圆转匀称变成了平直方折，‘随体诘诎’变成了趋直反逆，于是，书写的轨迹变得可以定序、定数、定向”[1]，笔画系统基本形成了。正是由于笔画的产生，才使得构件的象形性丧失，完成了构件的义化过程，同时，象形构件的消失也促进了笔画系统的形成。在魏晋南北朝简牍文字中，横、竖、撇、捺、折、点、钩、提等八种基本笔画类型已经产生，但相比唐楷而言有些笔画的形态还不固定，如点笔常被写作短横或短竖。

所以，魏晋南北朝简牍文字处于走向成熟阶段的今文字时期，是今文字定型过程中的文字。

二、由隶书向楷书过渡阶段的字体

汉隶是隶书的代表，唐楷是楷书的集大成时期，从时间层面来看，魏晋南北朝简牍文字正处于隶书向楷书的过渡时期。从字体的实际发展情况来看，也符合这样的特征。

笔画的产生始于隶书，从战国末期开始的隶变过程，实际上就是笔画的孕育过程。但与唐楷相比，隶书阶段的笔画系统还很不成熟。如最基础的横笔，在隶书阶段仍旧带有明显的波势挑法，掺杂着曲线的成分，不便于书写；点笔也没有完全从其他笔画中独立出来，许多点还停留在短横或

1 陈淑梅，《东汉碑隶构形系统研究》，上海：上海教育出版社，2005 年，第 123 页

短竖的阶段；钩笔和提笔也没有形成。魏晋南北朝时期的汉字虽然较隶书阶段的笔画系统而言较为成熟，但与唐楷阶段相比，还略显幼稚。如横笔，虽然已经去掉了波势挑法，摒弃了曲线的成分，但在一些字形中却写作类似提笔的左低右高或左高右低的线条，在有的字形中还与撇笔混用。启功先生在评价这一时期的文字时曾说，魏晋南北朝时期“究竟距离用隶书的时间尚近，人们的手写习惯以及书写工具的制作方法上，都存留前代的影响较深，所以虽然是写真书，而这种真书字迹中往往自然地含有隶书的涩重味道，甚至还有意无意地保存着某些隶书笔画”[2]。

从构件角度来看，隶书与楷书时期的构件写法大致相同，只有少量的构件采用了不同的写法，如楷书中写作“参”的构件在隶书中多写作“尔”等。在魏晋南北朝简牍材料用字中，很多字形使用了楷化后的构件，但是整字仍然保留着隶书的笔势；还有一些字样使用隶书中的构件，但整字已经使用楷书的写法。这一时期的实物用字已经很难确切地判断是隶书还是楷书，将它们称为带有隶意的楷书或者是楷化过程中的隶书，可能更确切一些。凡此种种，充分体现出魏晋南北朝时期字体的渐变属性。

这一时期的社会实物用字，无论从笔画单位还是构件层次，均处在由隶书向楷书演化的过渡阶段。所以，这一时期的字体可定位为隶楷文字。

三、构形理据弱化的汉字

部分理据的淡化甚至丧失，是汉字发展的必然结果。这是因为，理据的保留与否，是由汉字的形体和意义两个方面决定的：形义之间有联系，就有理据；形义之间没有联系，就没有理据。形体是汉字本身所具有的，而意义则源于它所记录的词，它们属于两个不同的系统。形体和意义都在不停地发展，却是不同步的。形体的发展要跟随当时的整个汉字系统而发展，要符合视觉的要求，因此它有不受语言控制的一面；意义的发展则要跟随

2 启功，《从河南碑刻谈古代时刻书法艺术》，《启功丛稿·论文卷》，北京：中华书局，1999 年，第 134 页

语言一同发展，要符合词义系统的要求，一般不受形体的制约。这样发展的结果，必然导致部分汉字形义关系的脱节。

古文字阶段，所有的汉字都有其构形理据，可谓“无一字无来历”。但随着汉字的发展演变，一些汉字的构形理据变得不能被解释。以独体字为例，大部分独体字在古文字阶段都是象形文字，具有象物性，但是隶定楷变以后，原来曲折的“随体诘诎”的线条被改写成横平竖直的笔画，使原本直观的形义之间的联系消失。尽管它们的音义已经凝结在形体之中，但其理据已无法根据现有形体进行解释，只能通过历时传承关系的追溯获得。所有的象形字在隶楷文字阶段都丧失了构形理据。还有一些构件由于在隶定楷变过程中的黏合和省减，导致构形理据的隐匿，使构形理据变得没有古文字时期那么直观，只有通过对现有构件进行系统的归纳或者复原，才可以重新体现整字的构形理据。这些现象都反映了隶楷文字阶段构形理据度的弱化。

在隶楷文字阶段，虽然出现了一些丧失构形理据及构形理据度弱化的汉字，但这并不能影响整个隶楷文字系统的根本属性，从整体上来看，隶楷文字仍然属于表义文字系统。通过上一章的具体数据分析，魏晋南北朝简牍文字中有 70％以上的汉字仍然具有可分析的构形理据，占总字量的绝对多数。

因此，魏晋南北朝简牍用字是构形理据相对弱化的表意文字体系。

第 2 节 研究意义

一、魏晋南北朝时期的新增字

许慎《说文解字序》："文者，物象之本；字者，言孳乳而浸多也。"文字是记录语言的符号，它的使用过程就是一个"孳乳浸多"的过程，随着社会政治、经济、文化、科学的发展，语词不断增多，文字也随之日益增加。从《说文》开始，历代的文字使用者都通过编纂字书的方式对汉字进行系统的整理，试图收罗当时的社会用字。"从《说文》问世（121 年）至《中华字海》出版不到 1900 年，汉字增加了 7 万多。"[3] 汉字用字量的大量增加，"一方面由于不同时代有新的语词增加，需要创造新字与之适应；另一方面由于产生了大量的异体字、俗体字和用增益偏旁的方法以表现新的意义的孳生字"[4]。

将魏晋南北朝简牍用字与成书于东汉末年的《说文》所收录字[5]进行比较，得出了下列 107 个魏晋南北朝时期简牍材料中使用到的新增字：

伻：（嘉禾五年 256 · 500256）

逼：（20656）。《说文》新附字。

別：（20534）《说文 · 冎部》："剐，分解也。从冎从刀。"

3 李宇明，《汉字规范百家谈》，北京：商务印书馆，2004 年，第 139 页

4 周祖谟，《文字音韵训诂论集》，北京：北京大学出版社，2000 年，第 284 页

5 本书将不列于字头位置的篆文、籀文、古文、或体等重文字形作为《说文》收录字形，但新附字不列入《说文》收录字形

荕：（嘉禾四年 3 · 40003）
泊：（嘉禾五年 433 · 50433）
綵：（20663）
麨：（20284）
偖：（嘉禾五年 808 · 50808）
蔯：（嘉禾五年 442 · 50442）
池：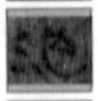（20324）
斥：（嘉禾五年 242 · 50242）
鋤：（20634）
第：（20046）
壂：（20052）
董：（20048）
諫：（嘉禾五年 · 50535）
堆：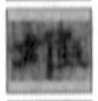（20295）
梵：（嘉禾五年 634 · 50634）
《说文·林部》新附字“出自西域释书，未详意义”。
恢：（20679）
秿：（20164）
釓：（20122）
浭：（嘉禾五年 756 · 50756）
够：（20345）
漂：（20381）
鰉
麾
佪
戢
薑
截

界
襟
漌
浸
拒
捃
肯
裉
袴：《说文·糸部》：“绔，胫衣也。从糸夸声。”
錕
梨：《说文·木部》：“棃，果名。从木䊵聲。䊵，古文利。”
犁
戀
亮
劉
芒
糜
寅
彌
覓
泯
磨
畝
奈
難
棑
闌

頎

求：《说文·裘部》："裘，皮衣也。从衣求聲。一曰象形，與衰同意。凡裘之屬皆从裘。"求，古文省衣。

抾

戎

仨

晟

虵

瘦

埶

蒴

似

嵩

夙

隧

燧

他

軆

怗

磚

駞

塗

惘

尉

魏

希

溪

卌

仙

遲

幸

懸

耀

耶

以

褶

飲

由

於

葦

愈：《说文·疒部》："瘉，病瘳也。从疒俞聲。臣鉉等曰：今别作愈。非是。"

悅

荐

樒

這

住：《说文·走部》："䞣，不行也。从走䮀聲。讀若住。"

著

准

佐：《说文·左部》："手相左助也。从𠂇、工。凡左之属皆从左。"

廖

祚

从这些新增字的来源来看，有些源于《说文》中的异体字，通过对已有汉字替换构件、增减构件，改变结构或形体来形成一个新的字形。如“袴”，《说文》收“绔”，据《说文·糸部》的解释，“绔”为胫衣，即裤子，从糸夸声。魏晋南北朝简牍用字中出现了“袴”，将《说文》中从“糸”的字改为从“衣”，“糸”与“衣”在整字中都充当标义构件，一个标示材质，一个标示属性。这里改变了标义构件，但仍保留原字的字义与读音，新增字“袴”与“绔”是一对异体字。再如“梨”，《说文·木部》：“棃，果名。从木𥝢聲。𥝢，古文利”，魏晋南北朝新增字“梨”改变了原字的标音构件，保留原字的字义与读音。这个新增字在后世被广泛应用。

有些新增字源于分化字，即一个汉字在发展过程中产生了多个义项，派生出了两个或两个以上的汉字来分担多个义项。如“求”，在《说文》中是以“裘”的古文身份出现，其意义是衣服的一种。至《玉篇》时，“裘”已经产生了“索、招”等义项并兼有“皮衣”的义项，“求”则分化出来单独表示“见、索”的含义，而不再具有“皮衣”的义项。魏晋南北朝简牍用字中也出现了表示“求索”意义的“求”。这时的“求”与《说文》中作为古文的“求”虽然同形，但意义上已经毫无联系，可将它看作是一个新出字。再如“佐”，是魏晋南北朝时期的一个新增字，这个字出现了两次，据上下文其意义当为“辅佐、帮助”。《说文》中收录了“左”，释义为“助也”。“佐”与“左”的本义应大致相同，后人添加构件“人”，是因为在魏晋南北朝时期“左”已经开始承担表示方位的意义，如嘉禾二年的一条木简有这样的记录：“吴子男客年廿二盲左目”（竹简 9752 · 30897），此处的“左”为与“右”相对的一个方位词，走马楼吴简中还有类似的用法。“佐”就是由“左”的多个义项分化出的一个新增字。

还有些新增字源于社会政治经济文化等的发展需求，如魏晋南北朝简牍文字中出现的“梵”，是《说文》中的一个新附字，《说文》注释为“出自西域释书，未详意义”。这就是为了满足佛经翻译需求而出现的一个汉字，在走马楼吴简中是作为人名出现的，说明这个汉字在当时已经是较为常见的一个字了。

这些新增字在《说文》中虽然没有在字头的位置出现，但有时出现在释文中用以解释字头或者标示字头的读音。如“希”在《说文》字头的位置找不到，但是在“稀”的说解中，《说文·禾部》：“踈也。从禾希聲”，用“希”来标示“稀”的读音。又如《说文》中在字头位置没有收录“别”，只收录了“肏”，但是在对“穴”的注释中，用到了“别”，《说文·八部》：“穴，分也。从重八。八，别也。亦声。《孝经说》曰：故上下有别”。

从这些新增字的构形方式来看，义音组合模式仍是最主要的构形模式，这与隶楷文字阶段的构形模式特点相同，共有85个义音组合模式，约占总数的79％。标义构件组合模式的汉字有5个，约占总数的5％；有记号构件参与构字的共18个，约占总数的17％。

这些新增字的绝大多数至《宋本玉篇》时已经被收录，有些在字头位置，有些不在字头位置，但作为异体字在释文中被收录，如“仙，《声类》云：今僊字”。只有“偖、鳇、漌、裉、犂、仨、惘”等7个字没有收入《玉篇》中。其中“犂”在《宋本玉篇》中被用来解释其他汉字的字义，如“耧，犂也”“䅈，徒犂切”。作为反切用字的汉字，一般而言都是为人们所熟知的社会常用字，可以说明“犂”在《宋本玉篇》时代已经是一个社会常用字了。由此看来，绝大多数的魏晋南北朝新增字在宋代都得到了传承，还被社会继续使用着，被整个文字系统所接受，传承至后代。在汉字体系不断发展和完善的历史进程中，隶楷文字为其增添了新的成分。

二、现代简化字的来源问题

在文字学领域中，简体字和繁体字是两个相对的概念。简体字和繁体字可以看作是一组异体字，两个字形有区别的汉字记录的是同一个单音节词，其中笔画数量相对少、字形相对简单的字样就称其为简体字，笔画数量相对多、字形相对复杂的字样就称其为繁体字。用笔画数量少的字来代替笔画数量繁多的汉字，这样一个动态的变化过程，就是汉字的简化。考察汉字的发展历史，可以发现“简化的趋势是从有了文字之后就开始存在，并且贯彻在文字发展的整个过程中的，是文字本身内在的规律”[6]，汉字的趋简现象是古已有之的，这符合人们使用文字时避难就易的要求。

简体字是一个相对的概念，但是“简化字”却是一个有所特指的概念，特指我国国务院颁布的《简化字总表》中的由国家统一制定、规范使用的一批简体汉字。1956 年 1 月 28 日，国务院全体会议通过并公布了《汉字简化方案》，其中有简化字 515 个和简化偏旁 54 个。1964 年 5 月，文字改革委员会根据国务院的批示编辑并出版了《简化字总表》，收录了简化字 2236 个。1986 年 10 月 10 日，国家语委根据国务院的决定重新发表《简化字总表》，对个别简化字做了调整，收简化字 2235 个。简化字被国务院制定为我国的规范字体，不仅在我国得到了广泛的应用，在文化、教育、科技和日常应用等多方面发挥了积极的作用，它的影响还远及海外，全球各地华人、华侨都在使用简化字，学习汉语的外国人或多或少地也要接触到简化汉字。现行的简化字，绝大部分是来源于历代的简体字或者是“俗体字”，多是有源可循的。

在本书调查的这批材料当中，就出现了下列 32 个与《简化字总表》所收简化字字形完全一致的字样：

长：，“萬歲揚威隊，长石伋受，宜禾臨界卒趙時”（流沙坠简・烽燧类 11・20184）

张：，“张涞木伾张一把弦鐵鉤一無次要”（流沙坠简・器物类 52・20346）

并：，“東空決六所，并乘堤已至大决中。”（流沙坠简・戍役类 32・20248）

辞：，“八月廿八日楼兰白疏恽惶恐白奉辞”（流沙坠简・简牍遗文 57・20549）

6 梁东汉，《汉字的结构及其流变》，上海：上海教育出版社，1959 年，第 48 页

东：，“东道绝久，实乏牢物”（流沙坠简·简牍遗文 41·20533）

断：，“同人道断绝仕进不”（流沙坠简·简牍遗文 40·20532）

盖：，“今所得田盖少可有口沙口今言”（流沙坠简·简牍遗文 63·20555）

高：，“湖田丘男子黄高”（五年 704·50704）

贵：，“永平十一年五月九日富贵口尹当受尉史义”（流沙坠简·廪给类 14·20262）

责：，“负责与人麦”（孔纸 10·20651）

还：，“骑马诣元城牧责期行当还”（流沙坠简·简牍补遗 17·20595）

黄：，“湖田丘男子黄仓”（嘉禾五年 675·50675）

荚：，“治馬傷水方姜桂細辛皂莢付子各三分”（流沙坠简·方技类·20106）

将：，“将吏相迎”（流沙坠简·简牍遗文 49·20541）

来：，“前来图欲还西，不得还”（孔纸 17.2·20672）

淶：，“张淶木伍张一把弦铁钩一”（流沙坠简·器物类 52·20346）

雷：，“上莈丘男子雷崇”（嘉禾五年 68·50068）

累：，“为累此间”（流沙坠简·简牍遗文 48·20540）

礼：，“（上缺）礼十月廿六日于道逃亡”（流沙坠简·杂事类 86·20458）

禄：，“度丘郡吏潘禄”（嘉禾五年 545·50545）

吕：，“平阳丘男子吕命”（嘉禾五年 137·50137）

麦：，“澒治大麦讫乃得”（孔木 1b·20807）

门：，“玉门宜口”（流沙坠简·簿书类 27·20138）

问：，“小赤丘男子五问”（嘉禾四年 57·40057）

望：，“无阶亲省骞心东望”（流沙坠简·简牍遗文 57·20549）

为：，“李文通为姚子口自”（流沙坠简 · 简牍遗文 14 · 20507）

侠：，“侠丘郡吏周柏”（嘉禾五年 516 · 50516）

扬：，“万岁扬威队，长石伋受宜禾，临界卒赵时临”（流沙坠简 · 烽燧类 11 · 20184）

于：，“生于东首者富；南首者贵；西首者贫；北首者不寿。”（流沙坠简 · 术数类 · 20095）

魚：，“来人问知舍惠鱼深厚”（流沙坠简 · 简牍遗文 41 · 20533）

着：，“若下赀厉当着露车二乘，輂车一口，土车一乘”（孔纸 10 · 20651）

以上这些简体字形至迟在魏晋南北朝时期就已经在使用了，只是没有被当时的字书所收录。这些简体字形有些只在所调查材料中出现了一次，有些字样却频繁使用，甚至使用频率远高于字书中所收录的正体字的使用频率，如“黄”“禄”“麦”“来”等。作为单字的汉字简化后，当其在其他整字中作构件时，也同样可以使用简化后的形态，如“门”与“问”、“来”与“涞”等。

魏晋南北朝简牍文字中还出现了部分简化的汉字，如“錢”写作，“贾敦煌钱二”（流沙坠简 · 杂事类 113 · 20485），构件“戔”简化作“戋”，但构件“金”还没有简化成现在使用的“钅”。

这些简化字形成的原因大都是将草化后的文字用楷书的笔画固定其形态，草化是汉字简化的一个重要方法。将繁复的汉字笔画进行省减连写的草化现象是古已有之的，这是符合汉字书写便捷性要求的，侯马盟书、温县盟书、信阳楚简、仰天湖楚简中都出现了简省连写笔画的汉字。草写在客观上完成了对汉字繁复笔画的简化，因而在汉字简化的历史演进中有着极为重要的意义。

隶定楷变本身就是一场大规模的汉字简化运动，也可以说是一场大规模的汉字草化运动。秦代的隶书就是篆书的草写，史称“古隶”，以睡虎地秦简为代表。古隶的发展分为两条线：一是在草化省略圆转弧线笔法的基础上形成左右对称、方正波磔的“八分书”，即今隶；二是在草化连笔快写的基础上形成轻捷便利的章草。楷书的定型就是在对今隶的简化和对章草的吸收的基础上完成的。在笔画上，简化了今隶的波磔和方正；在结构上，吸收了章草的简省和连写替代，形成了科学的、规范的方块汉字。可以说，楷书也是对隶书的一次草化过程。回看整个汉字发展历程，就是一个不断简化、草化的历程。

附：魏晋南北朝简牍文字构形分析表

说明:

（一）表音程度一栏内1表示完全表音；2表示部分表音；3表示不表音。

（二）构形方式一栏内1表示义音组合；2表示标义构件组合；3表示标义构件与记号构件组合；4表示标音构件与记号构件组合；5表示记号构件组合。

（三）构形理据一栏内1表示理据的传承；2表示理据的隐匿； 3表示理据的丧失； 4表示理据的重构。

编号	字符	字形	标音构件	表音程度	标义构件	记号构件	构形方式	构形理据	备注
1	胺		安	1	月		1	4	
2	阿		可	2	阜		1	1	
3	愛				心	亼	3	3	
4	安		宀	2	宀 女		2	1	義符表音
5	案		安	1	木		1	1	
6	敖				放		2	3	
7	八	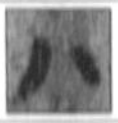					5	1	
8	把		巴	1	手		1	1	
9	罷				网 能		2	3	
10	霸				月	雨 手	3	3	
11	白						5	3	

续表

编号	字符	字形	标音构件	表音程度	标义构件	记号构件	构形方式	构形理据	备注
12	百						5	3	
13	佰		百	1	人		1	1	
14	柏		白	1	木		1	1	
15	拜				手		2	1	
16	敗		貝	2	支貝		2	1	義符表音
17	斑				玨刀		2	1	
18	半				八牛		2	3	
19	伴		半	1	人		1	1	
20	辦		辡	1	力		1	1	现从办辡
21	剝				刀录		2	1	
22	保	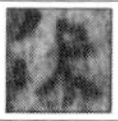			人	呆	3	2	
23	寶		貝	2	宀王貝	尓	3	1	
24	報				幸𠬝		2	1	
25	卑						5	2	
26	悲		非	2	心		1	1	
27	北				人人		2	1	
28	背		北	1	肉		1	1	肉作月
29	倍		音	2	人		1	1	
30	被		皮	3	衣		1	1	
31	備		葡	1	人		1	1	
32	奔		賁	1	夭		1	2	省聲

编号	字符	字形	标音构件	表音程度	标义构件	记号构件	构形方式	构形理据	备注
33	本				木	一	3	1	
34	㶡		平	2	人		1	4	《說文》無
35	逼		畐	1	辵		1	1	
36	鼻		畀	1	自		1	4	
37	比				人 人		2	1	
38	彼		皮	2	彳		1	1	
39	必						5	3	
40	畢					田 平	3	3	
41	婢		卑	2	女 卑		2	1	義符表音
42	敝		㡀	1	攴 㡀		2	1	義符表音
43	弼		白	2	弜 白		1	4	
44	痹		畀	1	疒		1	1	
45	辟				卩 辛 口		2	1	
46	邊				辵	白 勿	3	3	
47	便				人 更		2	1	
48	辯		辡	1	言 辡		2	1	聲符表音
49	變		䜌	2	攴		1	1	
50	表				衣		3	3	《說文》無
51	別				另 刀		2	4	《說文》無
52	莂		別	1	艸		1	4	《說文》無
53	邠		分	3	邑		1	1	

续表

编号	字符	字形	标音构件	表音程度	标义构件	记号构件	构形方式	构形理据	备注
54	賓		宔	3	貝		1	1	
55	兵		斤	2	廾		2	1	義符表聲
56	丙						5	2	
57	並						5	2	
58	並						5	2	簡體
59	病		丙	1	疒		1	1	
60	伯		白	2	人		1	1	
61	帛		白	2	巾		1	1	
62	泊		白	2	水		1	4	《說文》無
63	博				十 尃		2	1	
64	薄		溥	2	艸		1	1	
65	捕		甫	2	手		1	1	
66	不						5	3	
67	布	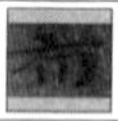	父	2	巾		1	1	父變形
68	步				少 止		2	1	
69	部		音	2	邑		1	1	
70	才						5	2	
71	材		才	1	木		1	1	
72	財		才	1	貝		1	1	
73	裁		𢦏	2	衣		1	1	
74	綵		采	1	糸		1	4	《說文》無，疑為彩

编号	字符	字形	标音构件	表音程度	标义构件	记号构件	构形方式	构形理据	备注
75	蔡				艸	祭	3	3	
76	參		㐱	2	厽		1	1	
77	湌				水 食		2	4	《說文》無
78	慙		斬	2	心		1	1	
79	倉				食 口		2	1	
80	蒼		倉	1	艸		1	1	
81	藏		臧	2	艸		1	3	《說文》沒有分析字形
82	曹						5	3	
83	草		早	2	艸		1	1	
84	廁		則	2			1	1	
85	惻		則	2	心		1	1	
86	岑		今	2	山		1	1	
87	察				宀 祭		2	1	
88	勑		來	1	力		1	1	
89	襜		詹	2	衣		1	1	
90	產		彥	2	生		1	2	
91	昌				日 曰		2	1	
92	長						5	3	簡體字
93	長						5	3	隸定原因導致
94	常		尚	2		巾	4	3	借字字義改變
95	萇		長	1	艸		1	1	

续表

编号	字符	字形	标音构件	表音程度	标义构件	记号构件	构形方式	构形理据	备注
96	腸		昜	2	肉		1	1	肉——月
97	償		賞	2	人		1	1	
98	超		召	2	走		1	1	
99	朝		舟	2	倝		1	2	舟——月
100	麨		少	2	麥		1	4	《說文》無，《玉篇》：麵，充小切。糗也。麨，同上。
101	車						5	3	
102	偖		者	2	人		1	4	《說文》《玉篇》均無
103	徹		彳	2	彳 攴	育	3	3	義符表音
104	臣						5	3	
105	辰					辰	5	3	
106	陳	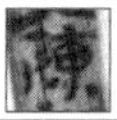			阜	東	3	2	
107	晨		辰	1	日		1	4	《說文》無。《玉篇》：晨，是人切。早也，明也，昧爽也。晨，同上。
108	蔯		陳	1	艸		1	4	《說文》無
109	稱		爯	1	禾		1	1	
110	丞						5	3	
111	成	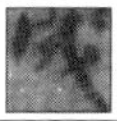					5	3	
112	呈		壬	2	口		1	3	
113	承						5	2	
114	城		成	1	土成		2	1	義符表音
115	乘						5	1	

编号	字符	字形	标音构件	表音程度	标义构件	记号构件	构形方式	构形理据	备 注
116	程		程	1	禾		1	1	意義改變，與禾已沒有關係。
117	誠		成	1	言		1	1	
118	逞		呈	1	辵		1	1	
119	池		也	2	水		1	4	《說文》無
120	持		寺	2	手		1	1	
121	馳		也	2	馬		1	1	
122	遲		犀	2	辵		1	1	
123	尺						5	3	
124	齒		止	2		凶	4	1	
125	叱		七	2	口		1	1	
126	斥				斤	丶	3	4	《說文》《玉篇》均無
127	赤	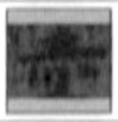			火	土	3	3	火變形。隸定原因導致火與土的混淆。
128	勑		來	1	力		1	1	簡體來
129	充						5	3	
130	崇		宗	2	山		1	1	
131	仇		九	2	人		1	3	九作聲符
132	椆		周	2	木		1	1	
133	愁		秋	2	心		1	3	秋作聲符
134	丑						5	3	
135	臭				犬 自		2	1	
136	出						5	3	

续表

编号	字符	字形	标音构件	表音程度	标义构件	记号构件	构形方式	构形理据	备 注
137	初				刀 衣		2	1	
138	除		余	2	阜		2	3	意義改變
139	鋤		助	2	金		1	4	《說文》《玉篇》無，有耡，耤稅也。从耒助聲。
140	楚		疋	2	林		1	1	
141	儲		諸	2	人		1	1	
142	怵		术	2	心		1	1	
143	處		雨	2	几 夂		1	4	《說文》有処，無處
144	傳		專	1	人		1	1	
145	牀	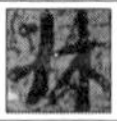	爿	2	木		1	1	
146	炊		吹	1	火		1	2	省聲
147	垂		𠂹	1	土		1	2	
148	茈	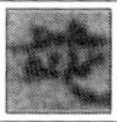	此	1	艸		1	1	
149	慈		兹	2	心		1	1	
150	辤				舌 辛		2	4	簡體字
151	辤	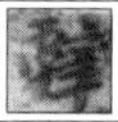			辛 受		2	1	
152	此				止 比		2	3	
153	次				欠	二	3	3	
154	賜		易	2	貝		1	1	
155	從		从	1	辵 从		2	1	義符表音
156	彘				七		2	1	
157	存		才	2	子		1	1	

编号	字符	字形	标音构件	表音程度	标义构件	记号构件	构形方式	构形理据	备 注
158	寸						5	1	
159	錯	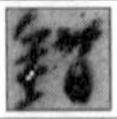			金	昔	3	3	
160	答				艸	合	3	3	《說文》《玉篇》均作荅。合作聲符。
161	達		羍	1	辵		1	1	
162	大						5	3	
163	代				人	弋	3	3	臣鉉等曰: 弋非聲。《說文》忒字與此義訓同, 疑兼有忒音。
164	岱		代	1	山		1	1	
165	帶				巾	卌	3	1	
166	待				彳	寺	3	3	
167	逮		隶	1	辵		1	1	隶的变化
168	貸		代	1	貝		1	1	
169	耽				耳	冘	3	3	
170	單						5	3	意義改變
171	旦				日	一	3	1	
172	但		旦	1	人		1	1	
173	啖		炎	2	口		1	1	
174	彈		單	1	弓		1	1	
175	當		尚	2	田		1	1	
176	黨		尚	2	黑		4	3	意義改變
177	碭		昜	2	石		1	1	
178	刀						5	3	隸變原因

续表

编号	字符	字形	标音构件	表音程度	标义构件	记号构件	构形方式	构形理据	备注
179	導		道	1	寸		1	2	
180	到		刀	1	至		1	1	刀作聲符
181	悼		罩	2	心		1	2	臣鉉等曰: 卓非聲, 當从罩省。
182	盜				㳄 皿		2	1	
183	道				辵	首	3	3	
184	得		㝵	1	彳		1	1	㝵加一義符
185	德		悳	1	彳		1	3	字義改變
186	登		豆	2	癶		1	4	
187	等				竹 寺		2	2	字義改變
188	鄧		登	1	邑		1	1	
189	袛		氐	1	衣		1	1	
190	堤		是	2	土		1	1	是作聲符。聲符變。
191	邸		氐	1	邑		1	1	
192	坻		氐	1	土		1	1	
193	地		也	2	土		1	3	也作聲符
194	弟						5	3	
195	帝		朿	2	丄		1	1	
196	第		弟省	1		艸	4	3	《說文》無。《玉篇》: 第, 大例切。今爲第幾也。
197	顛				頁		3	3	語音改變
198	典						3	2	
199	佃		田	2	人		1	1	

编号	字符	字形	标音构件	表音程度	标义构件	记号构件	构形方式	构形理据	备注
200	壂		殿	1	土		1	4	《說文》無。《玉篇》：壂，徒見切。堂也。添加義符。
201	調		周	2	言		1	3	讀音改變
202	牒		枼	2	片		1	1	
203	牒		枼	2	斤		1	4	
204	丁						5	3	
205	釘		丁	1	金		1	1	
206	定				宀 正		2	1	
207	冬						5	2	
208	東						5	3	簡體字
209	東				日 木		2	1	
210	董		重	2	艸		1	4	《說文》作蕫。《玉篇》有董。
211	諌		東	1	言		1	4	《說文》《玉篇》均無。《字彙·言部》諌，多言。與諫不同，俗多誤以爲諫。多動切。
212	動		重	2	力		1	1	
213	棟		東	1	木		1	1	
214	都				邑	者	3	3	者的讀音變化
215	兜					皃 儿	5	2	象形
216	斗						5	3	
217	督		叔	2	目		1	1	
218	篤		竹	2	馬		1	1	竹作聲符
219	杜		土	2	木		1	1	

续表

编号	字符	字形	标音构件	表音程度	标义构件	记号构件	构形方式	构形理据	备注
220	度		庶	2	又		1	1	省聲
221	端		耑	1	立		1	1	
222	短		豆		矢		1	1	
223	斷				斤	米	3	3	簡體字義符變
224	斷	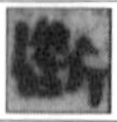			斤 㡭		2	1	《說文》收斷。《玉篇》作斷。
225	堆	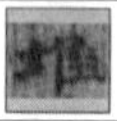	隹	2	土		1	4	《說文》無。《玉篇》：堆，都回切。聚土也。
226	隊		豕	2	阜		1	1	墜的本字
227	碓		隹	2	石		1	1	
228	對				丵 士 寸		2	1	
229	敦		享	2	攴		1	1	
230	盾						5	3	隸變原因
231	鈍		屯	2	金		1	1	
232	頓		屯	2	頁		1	1	
233	多					夕 夕	5	3	義符變
234	奪				又 奞		2	1	
235	惡		亞	2	心		1	1	讀音變化
236	恩		因	2	心		1	1	讀音變化
237	而					而	5	3	
238	兒				儿	臼	3	3	
239	耳					耳	5	3	象形
240	尒					尒	5	3	

编号	字符	字形	标音构件	表音程度	标义构件	记号构件	构形方式	构形理据	备注
241	爾		尒	1		冂㸚	4	3	字義改變義符變
242	發		癹	2	弓		1	1	
243	乏	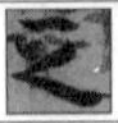					5	3	
244	罰				网 言 刀		2	4	《說文》無
245	灋				水 廌 去		2	1	
246	番					采 田	5	3	字義改變
247	幡		番	1	巾		1	1	
248	凡						5	2	
249	樊		棥	1	𠬞 棥		2	1	義符表音
250	橎		番	1	木		1	1	
251	燔		番	1	火		1	1	
252	反						5	3	
253	㤆		反	1	心		1	4	《說文》無。《玉篇》：㤆，芳萬切。惡心也，急性也。
254	返		反	1	辵 反		2	1	義符表音
255	梵		凡	1	禾		4	4	
256	飯		反	1	食		1	1	
257	方	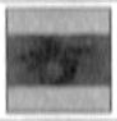					5	3	
258	房		方	1	戶		1	1	
259	非						5	3	
260	肥				肉 卪		2	3	現從肉從巴，巴成爲記號。隸變。肉作月。
261	棐		非	1	木		1	1	

续表

编号	字符	字形	标音构件	表音程度	标义构件	记号构件	构形方式	构形理据	备注
262	沸		弗	2	水		1	1	
263	費		弗	2	貝		1	1	
264	分				八 刀		2	1	
265	汾		分	1	水		1	1	
266	封				之 土 寸		2	1	
267	風		凡	2	虫		1	2	
268	烽		夆	1	火		1	4	《説文》收㷭，換聲符。
269	烽		蓬	2	火		1	4	《説文》收㷭，換聲符。
270	酆	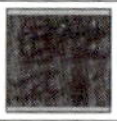	豐	1	邑		1	1	
271	逢		夆	1	辵		1	4	換聲符
272	馮					冫 馬	5	3	意義改變
273	諷		風	1	言		1	1	
274	奉				手	奉	3	2	隸變原因無法拆分義符改變
275	鳳		凡	2	鳥		1	1	
276	夫				大	一	3	1	
277	膚	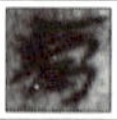	虍	2	肉		1	4	《説文》無，《玉篇》有。肉作月。
278	市						5	3	
279	伏				人	犬	3	3	字義改變
280	扶		夫	1	手		1	1	
281	服		𠬝	1	舟		1	1	舟作月
282	符		付	1	艸		1	4	義符替換

续表

编号	字符	字形	标音构件	表音程度	标义构件	记号构件	构形方式	构形理据	备 注
283	浮		孚	1	水		1	1	
284	匐		畐	1	勹		1	1	
285	福		畐	1	示		1	1	
286	府		付	1	广		1	1	
287	輔		甫	1	車		1	1	
288	父						5	3	隸變原因
289	付				人 寸		2	1	
290	附		付	1	阜		1	3	字義改變
291	負				人 貝		2	1	
292	副		畐	1		刀	3	3	字義改變
293	富		畐	1	宀		1	1	
294	復		复	1	彳		1	1	
295	秿		甫	1	禾		1	4	《說文》無。《玉篇》：秿，扶甫切。禾積也。
296	腹		复	1	肉		1	1	肉作月
297	覆		復	1	襾		1	1	
298	釓				金	乙	3	4	《說文》無。《玉篇》：釓，渠牛切。弩牙。
299	改				攴 己		2	1	
300	葢				皿	荰	3	4	簡體字
301	漑				水	旣	3	3	聲符變
302	干	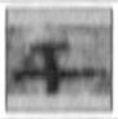					5	3	
303	甘						5	3	

续表

编号	字符	字形	标音构件	表音程度	标义构件	记号构件	构形方式	构形理据	备注
304	玕		干	1	玉		1	1	玉作王
305	敢				攴	工 肉	3	4	《說文》𠭥，敢為籀文。《玉篇》：敢，古膽切。敢果也。𢽎、𣪘、𠭖，並篆文，出《說文》。
306	感	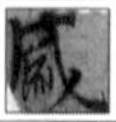	咸	2	心		1	1	
307	淦				水	金	3	3	
308	紺		甘	1	糸		1	1	
309	剛		岡	1	刀		1	1	
310	高						5	3	簡體
311	膏	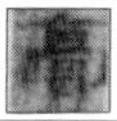	高	1	肉		1	1	
312	杲				日 木		2	1	
313	稾		高	1	禾		1	1	
314	告				口	牛	3	3	字義發生改變
315	革						5	3	
316	閣		各	1	門		1	1	
317	各				口 夊		2	2	
318	給		合	2	糸		1	1	
319	根		艮	1	木		1	1	
320	更						5	2	1
321	庚						5	3	3
322	浭		更		水		1	1	《說文》《玉篇》均無
323	耕		井	2	禾		1	4	

编号	字符	字形	标音构件	表音程度	标义构件	记号构件	构形方式	构形理据	备注
324	耿				火	耳	3	4	意義改變
325	梗		更	1	木		1	1	
326	工						5	3	
327	弓						5	3	
328	公				八 厶		2	1	
329	功		工	1	工 力		2	1	
330	宮		躳	1	宀		1	2	省聲
331	恭		共	1	心		1	1	心的變形
332	龔		共	1		龍	4	3	字義改變
333	共						5	3	隸定楷變
334	鉤	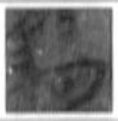	句	1	金		1	1	
335	狗		句	1	犬		1	1	
336	夠		句	1	多		1	4	《說文》《玉篇》均無
337	姑		古	1	女		1	1	
338	孤		瓜	2	子		1	1	
339	觚		瓜	2	角		1	1	
340	古				十 口		2	3	
341	谷					谷	5	2	
342	股		殳	2	肉		1	1	肉作月
343	骨				冎 肉		2	1	肉作月
344	穀		殸	1	禾		1	1	讀音改變

续表

编号	字符	字形	标音构件	表音程度	标义构件	记号构件	构形方式	构形理据	备注
345	故		古	1	攴		1	3	字義改變
346	顧		雇	1	頁		1	1	
347	挂	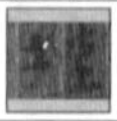	圭	2	手		1	1	
348	怪				心	圣	3	3	讀音改變
349	官					宀 㠯	5	3	字義改變
350	關		丱	1	門		1	1	
351	關	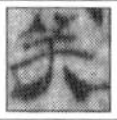					5	3	簡體字
352	觀		雚	2	見		1	1	
353	管		官	1	竹		1	1	
354	貫		毌	1	貝 毌		2	1	義符表聲
355	灌		雚	2	水		1	1	
356	光						5	3	隸定楷變原因
357	廣		黄	2	广		1	1	
358	圭				土 土		2	1	
359	規				夫 見		2	1	
360	瑰		鬼	1	玉		1	1	玉作王
361	龜						5	3	隸定楷變
362	騩		鬼	1	馬		1	1	
363	癸						5	3	隸定楷變
364	桂		圭	1	木		1	1	
365	貴	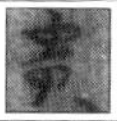			貝	虫	3	4	簡體字聲符變隸定楷變

续表

编号	字符	字形	标音构件	表音程度	标义构件	记号构件	构形方式	构形理据	备注
366	貴				貝	虫	3	4	隸定楷變聲符變
367	緷		軍	2	糸		1	1	
368	郭				邑	享	3	2	聲符變
369	國		或	2	囗		1	4	或字義的改變
370	果				木	田	3	3	隸定楷變象形
371	過		咼		辵		3	3	讀音改變
372	海		每	2	水		1	3	讀音改變
373	亥						5	3	隸定楷變
374	函						5	4	《說文》無。《玉篇》：函，胡耽切。函，鎧也。又胡緘切，函，書也。
375	寒				宀仌	共	3	2	
376	旱		干	2	日 干		2	4	義符表音
377	釬		干	2	金		1	1	
378	漢		難	2	水		1	2	省聲
379	好				女 子		2	1	
380	浩	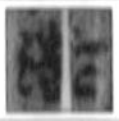	告	2	水		1	1	
381	秏		毛	2	禾		1	4	《說文》：秏。《玉篇》：秏，虎告切。正作秏。
382	禾				木	丿	3	1	
383	合				亼 口		2	1	
384	何		可	2	人		1	1	
385	和		禾	1	口		1	1	

续表

编号	字符	字形	标音构件	表音程度	标义构件	记号构件	构形方式	构形理据	备注
386	河		可	2	水		1	1	
387	賀				貝	加	3	3	讀音改變聲符變
388	赫	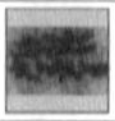			赤 赤		2	1	
389	黑				火	里	3	2	
390	潶		黑	1	水		1	4	《說文》無。《玉篇》：潶，呼得切。水名。
391	恆		亙	2	心		1	4	隸定楷變。簡體字。
392	衡		行	2	角 大		1	1	字義改變
393	弘		厶	2	弓		1	1	字義改變
394	閎		厷	2	門		1	1	
395	侯					人 厂 矢	5	3	義符變
396	候		矦	1	人		1	1	
397	鍭		矦	1	金		1	1	
398	厚		旱	1	广 旱		3	3	
399	後				彳 幺 夊		2	1	
400	乎						5	3	隸定楷變
401	呼		乎	1	口		1	1	
402	忽		勿	2	心		1	1	
403	胡		古	2		月	4	3	字義改變義符變
404	斛				斗	角	3	3	讀音改變聲符變
405	湖	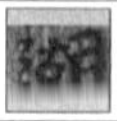	胡	1	水		1	1	
406	虎		虍	1		几	4	4	象形

续表

编号	字符	字形	标音构件	表音程度	标义构件	记号构件	构形方式	构形理据	备 注
407	戶						5	3	隸定楷變
408	華				艸	𠦒	3	2	隸定楷變義符變
409	化		匕	1	人		1	1	
410	畫				聿	田	3	3	字義改變象形
411	淮		隹	2	水		1	1	
412	懷		褱	1	心		1	1	
413	壞		褱	1	土		1	1	
414	桓		亘	2	木		1	1	
415	還		睘	1	辵		1	1	
416	還				辵	不	3	3	簡體字
417	患				心	串	3	3	隸定楷變義符變
418	換		奐	1	手		1	1	
419	皇		王	2	自 王		1	4	義符表音
420	黃		共	2		由	4	3	簡體字義符變
421	惶		皇	1	心		1	1	
422	煌		皇	1	火		1	1	
423	鰉		皇	1	魚		1	4	《說文》《玉篇》均無
424	麾				麻 毛		2	2	《說文》無。收靡。麾，許爲切。指麾也。亦作靡。
425	徽		微	2	糸		1	2	省聲
426	回		囗	2	口		3	1	義符表音
427	迴		回	1	辵		1	4	

续表

编号	字符	字形	标音构件	表音程度	标义构件	记号构件	构形方式	构形理据	备 注
428	佪		回	1	人		1	1	《說文》無。《玉篇》：佪，胡雷切。佪佪，惛也。
429	喙				口	彖	3	3	讀音改變音符變
430	惠				心 叀		3	3	字義改變
431	湏				水 頁		2	4	《說文》《玉篇》均無
432	會						5	3	
433	諱		韋	2	言		1	4	讀音改變
434	昬		民	1	日		1	4	讀音改變
435	活	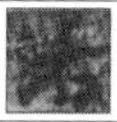			水	舌	3	3	隸定楷變聲符變
436	火						5	3	隸定楷變
437	或						5	3	字義改變
438	禍		咼	2	示		1	1	讀音改變
439	獲		蒦	1	犬		1	1	
440	机		几	1	木		1	1	
441	飢		几	1	食		1	1	
442	墼		毄	1	土		1	1	
443	積				禾	責	3	3	讀音改變聲符變
444	績	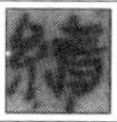			糸	責	3	3	讀音改變聲符變
445	及						5	3	隸定楷變
446	伋	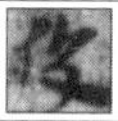	及	1	人		1	1	
447	吉					土 口	5	2	義符變
448	即		卩	2	皀		1	1	

续表

编号	字符	字形	标音构件	表音程度	标义构件	记号构件	构形方式	构形理据	备 注
449	佶		吉	1	人		1	1	
450	急		及	1	心		1	1	隸定楷變
451	級		及	1	糸		1	1	
452	疾		矢	2	疒		1	1	讀音改變
453	極		亟	1	木		1	1	
454	集				隹 木		2	4	《說文》無。收雧。从雥从木。
455	揖		咠	2	手		1	1	
456	己						5	3	隸定楷變
457	戟				倝 戈		2	3	《說文》作戟。有枝兵也。
458	麂		几	1	鹿		1	1	
459	忌		己	1	心		1	1	
460	季		稚	2	稚 子		1	2	
461	紀		己	1	糸		1	1	
462	計		十	2	言		1	3	
463	記		己	1	言		1	1	
464	寄		奇	2	宀		1	1	
465	既		旡	1	皀		1	1	
466	惎	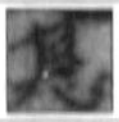	其	1	心		1	1	
467	冀		異	2	北		1	1	
468	濟		齊	2	水		1	1	
469	繫		毄	1	糸		1	1	

续表

编号	字符	字形	标音构件	表音程度	标义构件	记号构件	构形方式	构形理据	备注
470	加				力口		2	1	
471	夾				大人人		2	1	
472	佳				人	圭	3	3	讀音改變聲符變
473	家		豭	1	宀		1	2	省聲
474	嘉		加	1	壴		1	3	
475	莢		夾	1	艸		1	4	《說文》無。《玉篇》：莢，公協切。豆莢也。
476	甲						5	3	隸定楷變
477	賈		襾	2	貝		1	1	隸定楷變襾作西
478	假		叚	2	人		1	1	
479	嫁		家	1	女		1	1	
480	兼						5	2	隸定楷變
481	堅		臤	2	臤又		2	1	義符表音
482	間				門月		2	1	
483	煎		前	2	火		1	1	
484	監		蜭	2	臥		1	1	省聲
485	簡		間	1	竹		1	1	
486	減		咸	2	水		1	1	
487	見				目儿		2	1	
488	建				聿廴		2	3	字義改變
489	健		律	1	人		1	1	
490	箭		前	2	竹		1	1	

编号	字符	字形	标音构件	表音程度	标义构件	记号构件	构形方式	构形理据	备 注
491	江		工	2	水		1	1	讀音改變
492	彊		畺	1	弓		1	1	
493	薑		畺	1	艸		1	4	《說文》《玉篇》均無。《說文》有姜。《玉篇》有姜。
494	蔣		將	1	艸		1	1	
495	匠	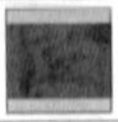			匚 斤		2	1	
496	降		夅	2	阜		1	1	
497	將		牆	1	寸		1	2	簡體
498	角						5	3	隸定楷變
499	皎		交	1	白		1	1	
500	徽				彳	敫	3	3	讀音改變聲符變
501	教		孝	2	攴 孝		2	1	義符表音
502	皆				比 白		2	1	字義改變
503	接		妾	2	手		1	1	
504	卩						5	3	隸定楷變
505	莭		即	2	竹		1	1	
506	結		吉	2	糸		1	1	
507	截				戈 隹		2	4	《說文》《玉篇》均無
508	頡		吉	2	頁		1	1	
509	解				刀 牛 角		2	1	
510	界		介	1	田		1	4	《說文》無。《玉篇》：畍，耕薤切。《爾雅》云：疆、界，垂也。畍，同上。

续表

编号	字符	字形	标音构件	表音程度	标义构件	记号构件	构形方式	构形理据	备注
511	藉		耤	2	艸		1	1	
512	今						5	3	隸定楷變
513	斤						5	3	隸定楷變
514	金						5	3	隸定楷變
515	津		聿	1	水		1	2	隸定楷變
516	襟		禁	1	衣		1	4	
517	瑾		堇	1	水		1	4	《說文》《玉篇》均無
518	盡		聿	1	皿		1	1	
519	謹		堇	1	言		1	1	
520	近		斤	1	辵		1	1	
521	晉				日 臸		2	2	隸定楷變
522	浸	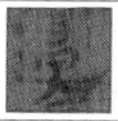	侵	2	水		1	4	《說文》無。作㵒，省聲。
523	進		閵	2	辵		1	2	省聲
524	禁		林	2	示		1	1	
525	靳		斤	1	革		1	1	
526	覲		堇	1	見		1	1	
527	京						5	3	字義改變
528	秔	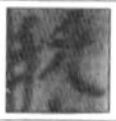			禾	亢	3	3	讀音改變聲符變
529	荆		刑	2	艸		1	1	
530	經		巠	1	糸		1	1	
531	精		青	2	米		1	1	

续表

编号	字符	字形	标音构件	表音程度	标义构件	记号构件	构形方式	构形理据	备注
532	驚		敬	1	馬		1	1	
533	井						5	3	隸定楷變
534	景		京	1	日		1	1	
535	竟		音	2	音 人		2	1	義符表音
536	敬				攴 苟		2	1	
537	靖		青	2	立		1	1	
538	靜		爭	2	青		1	1	
539	鳩		九	1	鳥		1	1	
540	九	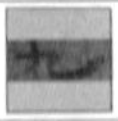					5	3	隸定楷變
541	久						5	3	隸定楷變
542	酒		酉	2	水 酉		2	1	
543	就					京 尤	5	3	字義改變義符變
544	僦		就	1	人		1	1	
545	居				尸	古	3	3	字義改變義符變
546	桔		吉	2	木		1	1	
547	輂				車	共	3	3	讀音改變聲符變
548	咀		且	1	口		1	1	
549	擧		與	2	手		1	1	
550	巨						5	3	字義改變
551	拒		巨	1	手		1	4	《說文》無。《玉篇》：拒，強舉切。抵也。
552	苣		巨	1	艸		1	1	

续表

编号	字符	字形	标音构件	表音程度	标义构件	记号构件	构形方式	构形理据	备 注
553	具				廾 貝		2	2	省形
554	俱		具	1	人		1	1	
555	劇		豦	1	刀		4	1	
556	據		豦	1	手		1	1	
557	捐		肙	2	手		1	1	
558	决				水 夬		2	1	
559	厥		欮	1	厂		1	1	
560	絕		卩	2	糸 刀 卩		2	1	義符表音
561	爵				爪	罒	3	3	隸定楷變象形
562	覺		學	2	見		1	2	省聲
563	君				尹 口		2	1	
564	均	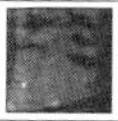	匀	2	土 匀		2	1	義符表音
565	軍				車	冖	3	2	義符變
566	鈞		匀	2	金		1	1	
567	郡		君	1	邑		1	1	
568	捃		君	1	手		1	1	《說文》無。《玉篇》：捃，居運切。拾也。
569	浚		夋	2	水		1	1	
570	開		开	1	門		1	4	
571	鎧				金	豈	3	3	讀音改變聲符變
572	欬		亥	2	欠		1	1	
573	勘				力	甚	3	3	讀音改變聲符變

编号	字符	字形	标音构件	表音程度	标义构件	记号构件	构形方式	构形理据	备注
574	堪				土	甚	3	3	讀音改變聲符變
575	闞		敢	2	門		1	1	
576	康						5	3	《說文》為或体。正体為穅。
577	亢						5	3	隸定楷變
578	考		丂	1	老		1	1	字義改變
579	榼		盍	2	木		1	1	
580	可		丂		口 丂		2	1	字義改變，義符表音。
581	克						5	3	字義改變
582	剋		克	1	刀		1	4	
583	客		各	2	宀		1	1	
584	課		果	2	言		1	1	讀音改變
585	肯				肉	止	5	3	《說文》收肎。从肉，从冎省。字義改變標示。
586	裉		艮	2	衣		1	4	《說文》《玉篇》均無
587	空		工	2	穴		1	1	
588	恐		巩	2	心		1	1	
589	口						5	3	隸定楷變
590	叩		口	1		邑	4	3	《說文》：叩，京兆藍田鄉。从邑口聲。《玉篇》：叩，擊也。義符變。
591	寇				攴 完		2	1	
592	刳		夸	2	刀		1	1	
593	苦		古	2	艸		1	1	

续表

编号	字符	字形	标音构件	表音程度	标义构件	记号构件	构形方式	构形理据	备注
594	庫				車 广		2	1	
595	袴		夸	2	衣		1	4	《說文》：絝，脛衣也。从糸夸聲。《玉篇》：袴。
596	快		夬	2	心		1	1	
597	寬		莧	2	宀		1	1	
598	款				欠	𡉈	3	2	義符變
599	狂		王	2	犬		1	4	隸定楷變
600	曠		廣	1	日		1	1	
601	葵		癸	2	艸		1	1	
602	愧		鬼	2	心		1	4	《說文》收為或体。正体為媿。《玉篇》：愧，居位切。慙也。亦作媿。
603	潰		貴	2	水		1	1	
604	昆					日 比	5	3	字義改變義符變
605	錕		崐	1	金		1	4	《說文》無。《玉篇》：錕，公本切。車釭也。
606	困				囗 木		2	1	
607	闊		活	2	門		1	4	隸定楷變
608	蜡					虫 昔	5	3	字義改變義符變
609	來						5	3	簡體字
610	來						5	3	字義改變
611	淶		來	1	水		1	1	簡體字
612	蘭		闌	1	艸		1	1	
613	覽		監	2	見 監		2	1	義符表音

编号	字符	字形	标音构件	表音程度	标义构件	记号构件	构形方式	构形理据	备注
614	郎		良	2	邑		1	1	字義引申，由所居住的地方引申為官員職位。
615	琅		良	2	玉		1	1	玉作王
616	牢				牛 宀		2	4	
617	勞				力 熒		2	2	省形
618	老						5	3	隸定楷變
619	勒		力	2	革		1	1	
620	樂				木	𢆶	3	3	字義改變象形
621	靁				雨	田	3	3	簡體字
622	靁		畾	1	雨		1	4	
623	耒						5	3	隸定楷變
624	壘		畾	1	土		1	1	
625	纍				糸	田	3	3	簡體字
626	冷		令	2	仌		1	1	
627	棃		利	1	木		1	4	《說文》無。收棃，从木秎聲。秎，古文利。
628	犂		利	1	牛		1	4	《說文》無。玉篇犂，力兮切。耕具也。
629	犂		秎	1	牛		1	4	《說文》無。玉篇犂，力兮切。耕具也。
630	貍	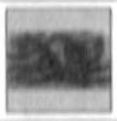	里	1	豸		1	1	
631	離		离	1	隹		1	1	
632	李		子	2	木		1	1	
633	里				田 土		2	1	隸定楷變
634	豊				豆	曲	3	3	隸定楷變象形

续表

编号	字符	字形	标音构件	表音程度	标义构件	记号构件	构形方式	构形理据	备 注
635	禮		豊	1	示 豊		2	1	
636	禮		匕	2	示		1	4	
637	禮				示	乙	3	3	簡體字
638	力						5	3	隸定楷變
639	立	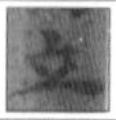					5	3	隸定楷變
640	吏		史	2	一		3	1	隸定楷變
641	利				禾	刀	3	3	標示
642	栗				木	西	3	3	隸定楷變象形
643	厲				厂	萬	3	3	聲符變
644	連				辵 車		2	1	
645	廉		兼	2	广		1	1	
646	斂		僉	2	攴		1	1	
647	練		柬	2	糸		1	1	
648	戀		䜌	2	䜌 心		2	4	《說文》無。《玉篇》：戀，力絹切。慕也。
649	良						5	3	隸定楷變
650	梁		办	2	水 木		1	1	
651	涼				水	京	3	3	讀音改變。三點與兩點的混用。聲符變。
652	兩						5	3	隸定楷變
653	亮		高	2	几		4	4	省聲
654	量					日 甲	5	[illegible]	隸定楷變
655	聊		卯	2	耳		1	1	

编号	字符	字形	标音构件	表音程度	标义构件	记号构件	构形方式	构形理据	备 注
656	廖		翏	1		广	4	3	理据不詳標示
657	列		歺	1	刀		1	1	隸定楷變歺作歹
658	劣	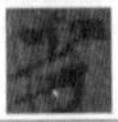			力 少		2	4	
659	林				木 木		2	1	
660	霖		林	1	雨		1	1	
661	臨		品	2	臥		1	1	
662	陵		夌	1	阜		1	1	
663	淩		夌	1	水		1	1	
664	綾		夌	1	糸		1	1	
665	靈		霝	1	巫		1	4	《說文》中為或体。正體為𩆜。
666	領		令	1	頁		1	1	
667	令						5	3	隸定楷變
668	留		丣	2	田		1	1	隸定楷變丣作厸
669	劉		丣	2	金 刀		1	4	《說文》無。《玉篇》：劉，力牛切。鉞殺也，陳也。字義改變。
670	六	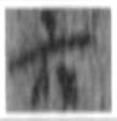					5	3	隸定楷變
671	隆		降	2	生		1	1	省聲
672	龍		童	2	肉	㠯	3	1	象形
673	聾		龍	1	耳		1	1	
674	隴		龍	1	阜		1	1	
675	婁					母 中 女	5	3	義符變

续表

编号	字符	字形	标音构件	表音程度	标义构件	记号构件	构形方式	构形理据	备注
676	樓		婁	1	木		1	1	
677	露		路	1	雨		1	1	
678	廬		盧	1	广		1	1	
679	虜		虍	2	男		1	4	
680	魯				魚 曰		2	4	
681	鹿					鹿	5	3	象形
682	祿		录	1	示		1	1	簡體字
683	錄		录	1	金		1	1	
684	驢		盧	2	馬		1	1	
685	呂						5	3	字義改變。簡體字。
686	履		復		尸		1	4	
687	律		聿	2	彳		1	1	
688	率						5	3	字義改變
689	慮		雨	2	思		1	4	
690	鑢		慮	1	金		1	1	
691	鸞		䜌	1	鳥		1	1	
692	亂		𤔔	1	𤔔	乙	3	3	隸定楷變標示
693	掠				手	京	3	3	讀音改變聲符變
694	略				田	各	3	3	讀音改變聲符變
695	侖				亼 冊		2	1	
696	倫		侖	1	人		1	1	

编号	字符	字形	标音构件	表音程度	标义构件	记号构件	构形方式	构形理据	备 注
697	羅				网 維		2	1	网作罒
698	落		洛	1	艸		1	1	
699	駱				馬	各	3	3	讀音改變聲符變
700	麻				林	广	3	3	字義改變義符變
701	馬						5	3	隸定楷變
702	買				网 貝		2	1	网作罒
703	麥						5	3	簡體字
704	賣		買	1	士		4	3	隸定楷變
705	邁		蠆	2	辵		1	2	省聲
706	滿		㒼	1	水		1	1	
707	曼				寸	宀 一 网	3	3	隸定楷變聲符變
708	芒		亡	1	艸		1	4	《說文》無。《玉篇》：芒，罔良切。稻麥芒也。
709	盲		亡	2	目		1	1	
710	毛						5	3	隸定楷變
711	矛						5	3	隸定楷變
712	卯						5	3	隸定楷變
713	皃				儿	白	3	3	隸定楷變象形
714	瞀		敄	1	目		1	1	
715	枚					木 支	2	1	支作攵義符變
716	玟		文	2	玉		1	1	讀音改變。文作攵。
717	梅		每	1	木		1	1	

续表

编号	字符	字形	标音构件	表音程度	标义构件	记号构件	构形方式	构形理据	备注
718	梅		母	2	木		1	2	
719	每		母	2	屮		1	1	隸定楷變
720	妹		未	2	女		1	1	
721	袂				衣		3	3	讀音改變
722	門						5	3	隸定楷變
723	門						5	3	隸定楷變。簡體字
724	穈		麻	2	禾		1	4	《說文》無。《玉篇》：穈，亡皮切。穈，粥也。
725	蝱		亡	2	虫		1	4	《說文》無。《玉篇》：蝱，陌庚切。蟲名。
726	萌		明	2	艸		1	1	
727	夢		瞢	1	夕		1	2	省聲
728	蒙		冡	1	艸		1	1	
729	迷		米	1	辵		1	1	
730	彌				弓	爾	5	3	《說文》無。《玉篇》：彌，亡支切。大也，偏也。意義改變。
731	穈		麻	2	禾		1	4	《說文》《玉篇》均無。做穈。省聲。
732	靡		麻	2	非		1	1	
733	米						5	3	隸定楷變
734	糸					糸	5	3	
735	覓				見 穴		3	4	《說文》無。《玉篇》：覓，莫狄切。索也。
736	勉		免	1	力		1	1	
737	面						5	3	隸定楷變

编号	字符	字形	标音构件	表音程度	标义构件	记号构件	构形方式	构形理据	备 注
738	苗				艸 田		2	1	
739	滅		烕	1	水		1	1	
740	民						5	3	隸定楷變
741	旻		文	2	日		1	1	讀音改變
742	泯		民	1	水		1	1	
743	愍		敃	1	心		1	1	
744	名				口 夕		2	1	
745	明				目 月		2	4	《說文》从月从囧。《玉篇》：明，靡兵切。察也，淸也，審也，發也。
746	鳴				鳥 口		2	1	
747	命				口 令		2	1	
748	模		莫	1	木		1	1	
749	䃺		麻	2	石		1	4	《玉篇》無
750	末				木	一	3	1	標示
751	莫				日 艸	大	3	3	隸定楷變義符變
752	墨				土 黑		2	1	
753	謀		某	1	言		1	1	
754	毋						5	3	隸定楷變
755	母						5	3	隸定楷變
756	牡		土	2	牛		1	1	
757	晦		每	2		乙	3	4	《說文》：晦。標示。

续表

编号	字符	字形	标音构件	表音程度	标义构件	记号构件	构形方式	构形理据	备注
758	木						5	3	隸定楷變
759	目						5	3	隸定楷變
760	沐		木	1	水		1	1	
761	牧				牛 攴		2	1	
762	募		莫	2	力		1	1	
763	幕		莫	2	巾		1	1	
764	内						5	3	隸定楷變
765	乃						5	3	隸定楷變
766	奈	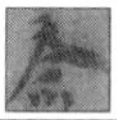				大 示	5	3	《說文》收柰，果也。从木示聲。義符變。
767	耐				寸	而	3	3	《說文》為或体。正體為耏，罪不至髡也。从而从彡。義符變。
768	男				田 力		2	1	
769	南						5	3	字義改變
770	難					堇 隹	5	3	《說文》作鸛，鳥也。从鳥堇聲。字義改變義符變。
771	囊		襄	2	橐		1	2	省聲省形
772	能				肉	厶 长	3	3	隸定楷變聲符變
773	輗		兒	2	車		1	1	讀音改變，兒表 ní 聲
774	逆				辵	羊	3	3	隸定楷變聲符變
775	溺		弱	1	水		1	1	
776	季						5	3	
777	廿				十		2	1	

编号	字符	字形	标音构件	表音程度	标义构件	记号构件	构形方式	构形理据	备注
778	念				心	今	3	3	讀音改變聲符變
779	蔦		鳥	1	艸		1	1	
780	聶				耳		2	1	
781	寧		寍	1		丁	1	1	隸定楷變義符變
782	甯		寧	1	用		1	1	
783	牛						5	3	隸定楷變
784	農				辰	曲	5	3	《玉篇》: 農, 奴冬切。耕夫也, 厚也。農, 同上。隸定楷變聲符變。
785	奴				女 又		2	1	
786	弩		奴	1	弓		1	1	
787	怒		奴	1	心		1	1	
788	女						5	3	隸定楷變
789	毆		區	1	殳		1	1	
790	杷		巴	2	木		1	1	
791	俳				人	非	3	3	讀音改變, 非表 pái 聲。聲符變。
792	棑				木	非	3	4	《說文》無。《玉篇》: 棑, 皮拜切。船後棑木也。又步街切, 棑, 筏也。非表 pái 聲, 聲符變。
793	潘		番	2	水		1	1	
794	叛		半	2	反		1	4	字義改變
795	袍		包	2	衣		1	1	
796	盆		分	2	皿		1	1	

续表

编号	字符	字形	标音构件	表音程度	标义构件	记号构件	构形方式	构形理据	备注
797	閛		并	2	門		1	4	《說文》無。《玉篇》：閛，普耕切。門扉聲。
798	彭				壴	彡	3	3	讀音改變聲符變
799	蓬		逢	2	艸		1	1	
800	伓		丕	1	人		1	1	
801	皮						5	3	隸定楷變
802	枇		比	2	木		1	1	
803	匹						5	3	字義改變
804	貧				貝 分		2	1	
805	品				口		2	1	
806	平						5	3	隸定楷變
807	迫		白	2	辵		1	1	讀音改變
808	破		皮	2	石		1	1	讀音改變
809	攴		卜	2	又		1	1	
810	匍		甫	2	勹		1	1	
811	蒲		浦	1	艸		1	1	
812	僕	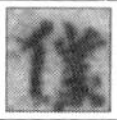	菐	1	人		1	4	
813	浦		甫	2	水		1	1	
814	普				日 並		2	1	
815	溥		尃	2	水		1	1	
816	七						5	3	隸定楷變
817	妻				女	肀	3	3	隸定楷變義符變

编号	字符	字形	标音构件	表音程度	标义构件	记号构件	构形方式	构形理据	备 注
818	期		其	1	月		1	1	
819	其					其	5	3	《說文》無。《玉篇》：其，巨之切。辭也，事也。為期之聲符。
820	奇					大 可	5	3	義符變
821	耆		日	2	老		1	4	
822	畦		圭	2	田		1	1	讀音改變聲符變
823	頎		斤	2	頁		3	4	《說文》無。《玉篇》：頎，渠衣切。《詩》云：碩人頎頎。《傳》：具長皃。又頎頎然，佳也。
824	齊						5	3	隸定楷變
825	騎		奇	1	馬		1	1	
826	企		止	2	人		1	1	
827	豈					山 豆	5	3	字義改變聲符變義符變
828	起		己	2	走		1	4	換聲符
829	啓		启	1	攴		1	1	
830	訖		气	1	言		1	1	
831	棄				𠫓	枼	2	3	隸定楷變構件黏合
832	器				口 土		2	4	
833	洽				水	合	3	3	讀音改變聲符變
834	千	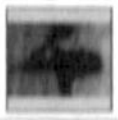					5	3	隸定楷變
835	謙		兼	2	言		1	1	
836	騫		寒	2	馬		1	2	省聲

续表

编号	字符	字形	标音构件	表音程度	标义构件	记号构件	构形方式	构形理据	备注
837	前				止 舟	刀	3	3	隸定楷變，舟作月，標示。
838	錢		戔	2	金		1	1	
839	錢		戋	2	金		1	4	簡體字
840	黚		甘	2	黑		1	1	
841	遣		𠳋	1	辵		1	1	
842	倩		青	2	人		1	1	
843	羌		羊	2	人 羊		2	1	
844	強				虫	弘	3	3	讀音改變聲符變
845	喬		高	2	夭 高		2	2	省形義符表音
846	樵		焦	2	木		1	1	
847	切		七	2	刀		1	1	
848	且						5	3	隸定楷變
849	妾				女	立	3	3	隸定楷變義符變
850	竊				穴 米	萬	3	3	隸定楷變聲符變
851	親		亲	1	見		1	1	
852	秦	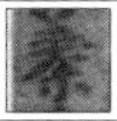			禾	𡗗	3	2	省形
853	琴		今	2		玨	4	3	隸定楷變象形
854	勤		堇	2	力		1	1	
855	欽	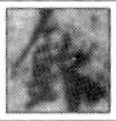	金	2	欠		1	1	
856	青				生 丹		2	1	隸定楷變丹作月
857	卿					皀 卯	5	3	字義改變聲符變義符變

编号	字符	字形	标音构件	表音程度	标义构件	记号构件	构形方式	构形理据	备 注
858	清		青	1	水		1	1	
859	輕		巠	2	車		1	1	
860	情		青	1	心		1	1	
861	頃				頁	匕	3	3	字義改變
862	請		青	1	言		1	1	
863	丘						5	3	隸定楷變
864	秋		𤋳	2	禾		3	2	省聲
865	囚				人口		2	1	
866	求						5	3	《說文》：裘。《玉篇》：求，用也，見也，索也。
867	曲						5	3	隸定楷變
868	屈		出	2	尸		1	4	
869	抾		去	1	手		1	4	《說文》無。《玉篇》：抾，丘之、丘居二切。兩手挹也。
870	區				品匸		2	1	字義改變
871	取				又耳		3	1	
872	去						5	3	隸定楷變
873	趣		取	1	走		1	1	
874	泉				水	白	3	4	隸定楷變象形
875	甽				田川		2	1	古文く从田从川。
876	缺		決	2	去		1	1	省聲
877	囷				禾囗		2	1	
878	群		君	2	巾		1	1	

续表

编号	字符	字形	标音构件	表音程度	标义构件	记号构件	构形方式	构形理据	备注
879	然		肰	1		火	4	3	字義改變義符變
880	讓		襄	2	言		1	1	
881	饒		堯	2	食		1	1	
882	熱		埶	2	火		1	1	讀音改變
883	人	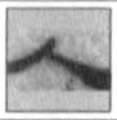					5	3	隸定楷變
884	仁				人 二		2	1	
885	壬						5	3	隸定楷變
886	任		壬	1	人		1	1	
887	仍				人	乃	3	3	讀音改變聲符變
888	日						5	3	隸定楷變
889	戎				戈	十	3	4	《說文》作戒，从戈从甲。標示。
890	肉						5	3	隸定楷變
891	如				女 口		2	1	
892	孺		需	2	子		1	1	
893	汝		女	2	水		1	1	
894	辱				辰 寸		2	1	
895	入						5	3	隸定楷變
896	閏				王 門		2	1	
897	若				艸	右	3	3	字義改變義符變
898	仨		三	2	人		1	4	《說文》《玉篇》均無
899	卅						5	3	隸定楷變

续表

编号	字符	字形	标音构件	表音程度	标义构件	记号构件	构形方式	构形理据	备注
900	塞				寒土		2	1	
901	三						5	1	
902	散		椒	1	肉		1	1	隸定楷變
903	桑				叒木		2	1	
904	色	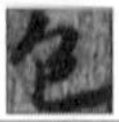			人卪		2	3	隸定楷變
905	沙		少	2	水		1	4	
906	殺		杀	1	殳		1	1	
907	莎	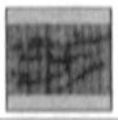	沙	1	艸		1	1	
908	山						5	3	隸定楷變
909	訕				言	聿	3	3	俗字聲符變
910	善				羊言		2	1	《說文》作譱
911	傷		𥏫	1	人		1	2	省聲
912	觴		𥏫	1	角		1	2	省聲
913	賞		尚	1	貝		1	1	
914	上						5	3	隸定楷變
915	尚		向	2		八	3	1	隸定楷變義符變
916	稍		肖	2	禾		1	1	
917	燒		堯	2	火		1	1	
918	韶		召	2	音		1	1	
919	少						5	3	隸定楷變

续表

编号	字符	字形	标音构件	表音程度	标义构件	记号构件	构形方式	构形理据	备注
920	虵		也	2	虫		1	4	《說文》無。《玉篇》食遮切。毒蟲。正作蛇。也表shé音，也音yī。
921	舍						5	3	隸定楷變
922	社				示 土		2	1	
923	設		殳		言 殳		2	1	義符表音
924	攝		聶	2	手		1	1	
925	申						5	3	隸定楷變
926	身						5	3	隸定楷變
927	深		罙	1	水		1	1	
928	神		申	1	示		1	4	
929	宷				宀	番	3	3	義符變
930	甚						5	3	隸定楷變
931	慎		真	2	心		1	1	
932	慎				大 目		2	4	
933	升						5	3	隸定楷變
934	生						5	3	隸定楷變
935	聲				耳 殸		2	4	讀音改變
936	繩		蠅	2	糸		1	2	省聲
937	省				目	少	3	3	隸定楷變義符變
938	晟		成	1	日		1	1	
939	盛		成	1	皿		1	1	

续表

编号	字符	字形	标音构件	表音程度	标义构件	记号构件	构形方式	构形理据	备注
940	勝		朕	2	力		1	1	
941	失						5	3	隸定楷變
942	施		也	2	㫃		1	1	
943	師				𠂤 帀		2	1	
944	詩		寺	1	言		1	1	
945	十						5	3	隸定楷變
946	什		十	1	人		1	1	
947	石				厂	口	3	1	隸定楷變象形
948	拾				手	合	3	3	讀音改變聲符變
949	食		亼	2	皀		1	1	隸定楷變
950	時		寺	1	日		1	1	
951	實				宀 貫		2	1	
952	史						5	3	隸定楷變
953	矢						5	3	隸定楷變
954	使		吏	2	人		1	1	
955	始		台	2	女		1	3	字義改變
956	士	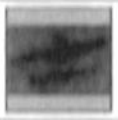					5	3	字義改變
957	氏						5	3	隸定楷變
958	世						5	3	隸定楷變
959	仕		士	1	人		1	1	
960	市						5	3	隸定楷變，字義改變。

续表

编号	字符	字形	标音构件	表音程度	标义构件	记号构件	构形方式	构形理据	备注
961	示				二	小	3	1	隸定楷變象形
962	事						5	3	隸定楷變
963	侍		寺	1	人		1	1	
964	室		至	2	宀		1	4	字義改變
965	是				日 正		2	1	
966	視		示	1	見		1	4	
967	貰		世	1	貝		1	1	
968	適		商	2	辵		1	4	
969	收		丩	2	攴		1	1	讀音改變
970	手						5	3	隸定楷變
971	守				宀 寸		2	1	
972	首						5	3	字義改變，隸定楷變。
973	受				𠬪	冖	3	4	隸定楷變象形
974	售		雔	2	口		1	2	省聲
975	授		受	1	手 受		2	1	
976	壽						5	3	隸定楷變
977	瘦		叟	2	疒		1	4	說文瘦
978	書				聿	日	3	3	聲符變
979	疏		疋	1	疋 㐬		1	4	疋表 shū 音
980	舒		予	2		舍	4	3	構件字義改變義符變
981	樞		區	2	木		1	1	

编号	字符	字形	标音构件	表音程度	标义构件	记号构件	构形方式	构形理据	备注
982	孰	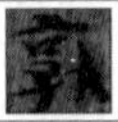	享	2		九	5	3	《說文》：𦏧，隸定楷變義符變。
983	孰				食	丸	3	4	義符變
984	暑		者	2	日		1	1	讀音改變，者表 shǔ 音。
985	署	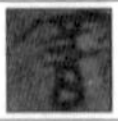	者	2	罒		1	1	讀音改變，者表 shǔ 音。
986	鼠						5	3	隸定楷變
987	蜀				虫	罒 勹	3	4	隸定楷變，象形
988	戍						5	3	隸定楷變
989	束				囗 木		2	1	隸定楷變
990	恕		如	2	心		1	1	
991	庶				广 炗		2	1	
992	術		术	2	行		1	1	
993	數		婁	2	攴		1	3	讀音改變
994	樹		尌	1	木		1	1	
995	帥				巾 𠂤		2	3	《玉篇》無
996	雙				雔 又		2	1	
997	水	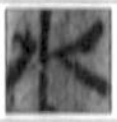					5	3	隸定楷變
998	稅		兑	2	禾		1	1	
999	說	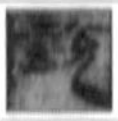	兑	2	言 兑		2	1	義符表音
1000	朔				月	手	3	3	隸定楷變聲符變
1001	蒴		朔	1	艸		1	4	《說文》無
1002	碩		石	2	頁		1	1	

续表

编号	字符	字形	标音构件	表音程度	标义构件	记号构件	构形方式	构形理据	备注
1003	司						5	3	字義改變
1004	私	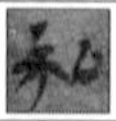	厶	1	禾		1	1	
1005	思				心	田	3	3	隸定楷變聲符變
1006	斯		其	2	斤		1	1	
1007	絲		糸	2	糸		2	1	義符表音
1008	死				歺人		2	1	隸定楷變
1009	巳						5	3	隸定楷變
1010	四						5	3	隸定楷變
1011	四						2	4	籀文四。
1012	似	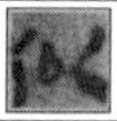	以	2	人		1	4	《說文》：佀，从人吕聲。
1013	松		公	2	木		1	1	
1014	嵩	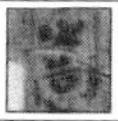			高山		2	1	
1015	宋					宀木	5	3	字義改變義符變
1016	送				辵	关	3	3	隸定楷變義符變
1017	誦		甬	2	言		1	1	
1018	蘇		穌	1	艸		1	1	
1019	俗		谷	2	人		1	1	
1020	夙						5	3	《說文》：夙，从丮，持事； 雖夕不休，早敬者也。
1021	素				糸	主	3	3	隸定楷變義符變
1022	宿				宀	佰	3	3	隸定楷變聲符變
1023	粟				米	西	3	3	隸定楷變義符變

编号	字符	字形	标音构件	表音程度	标义构件	记号构件	构形方式	构形理据	备 注
1024	雖		唯	2		虫	4	3	字義改變義符變
1025	隋	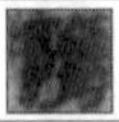	隓	2	肉 隓		2	1	字義改變義符表音省聲
1026	綏				糸 妥		3	1	
1027	隨		隋	1	辵		1	1	
1028	歲		戌	2		止	4	3	隸定楷變，讀音改變義符變。
1029	遂		㒸	1	辵		1	1	
1030	隧		遂	1	阜		1	4	《說文》無。《玉篇》：隧，似醉切。墓道也，掘地通路也。
1031	燧		遂	1	火		1	4	《說文》無。《玉篇》：燧，似醉切。以取火於日。亦作鐩。㸂，同上。
1032	孫				子 系		2	1	
1033	所		戶	2		斤	4	3	字義改變義符變
1034	索				糸	[illegible]	3	3	字義改變義符變
1035	他				人	也	3	4	《玉篇》：他，吐何切。誰也。本亦作佗。標示。
1036	臺				至	吉 冖	3	3	隸定楷變義符變
1037	太						5	3	《說文》無
1038	泰					𡗗 水	5	3	隸定楷變構件黏合
1039	倓		炎	2	人		1	1	
1040	潭		覃	1	水		1	1	
1041	歎		鷬	2	欠		1	2	省聲
1042	湯		昜	2	水		1	1	
1043	唐		庚	2		口	4	3	字義改變義符變

续表

编号	字符	字形	标音构件	表音程度	标义构件	记号构件	构形方式	构形理据	备注
1044	堂		尚	2	土		1	1	
1045	棠		尚	2	木		1	1	
1046	逃		兆	2	辵		1	1	
1047	陶		匋	1	阜		1	1	
1048	討				言 寸		2	1	
1049	騰		勝	2	馬		1	4	
1050	緹		是	2	糸		1	1	
1051	軆		豊	2	身		1	1	《說文》：體，从骨豊聲。
1052	惕		易	2	心		1	1	
1053	替		日	2	竝		1	4	《說文》：普，从竝白聲。或从兟从曰。
1054	天						5	3	隸定楷變
1055	田						5	3	隸定楷變
1056	忝		天	1	心		1	1	
1057	條				木	夂	3	3	簡體字
1058	條		攸	2	木		1	3	讀音改變
1059	怗		占	1	心		3	4	《說文》無。《玉篇》：怗，他頰切。服也，靜也。占表 tiē 音。
1060	鐵	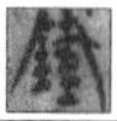	戴	2	金		1	1	
1061	町		丁	2	田		1	1	
1062	亭		丁	2	高		1	1	省形
1063	通		甬	2	辵		1	1	

续表

编号	字符	字形	标音构件	表音程度	标义构件	记号构件	构形方式	构形理据	备注
1064	同				冂口		2	1	
1065	桐	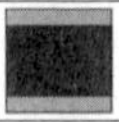	同	1	木		1	1	
1066	僮		童	1	人		1	1	
1067	銅		同	1	金		1	1	
1068	統		充	2	糸		1	1	
1069	筩		甬	2	竹		1	1	
1070	痛		甬	2	疒		1	1	
1071	頭		豆	2	頁		1	1	
1072	秃				禾	几	5	3	隸定楷變象形
1073	秃				禾	凡	5	3	隸定楷變象形
1074	涂		余	2	水		1	1	
1075	塗		凃	1	土		1	1	
1076	圖				囗啚		2	1	
1077	土	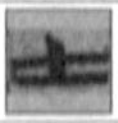					5	3	隸定楷變
1078	塼		專	1	土		1	4	《說文》無。《玉篇》：塼，專緣切。甎甎。亦作塼。
1079	推		隹	2	手		1	1	
1080	吞		天	2	口		1	1	
1081	屯						5	3	字義改變
1082	沱		它	2	水		1	1	
1083	駝		它	2	馬		1	4	《說文》無。《玉篇》：駝，大何切。駱駝。
1084	橐				櫜	石	3	3	聲符變

续表

编号	字符	字形	标音构件	表音程度	标义构件	记号构件	构形方式	构形理据	备注
1085	丸						5	3	字義改變
1086	完		元	2	宀		1	1	
1087	宛		夗	2	宀		1	1	
1088	莞		完	1	艸		1	1	
1089	琬		宛	1	玉		1	1	玉作王
1090	萬					艸 禺	5	3	字義改變象形
1091	亡						5	3	隸定楷變
1092	王						5	3	
1093	往				彳	主	3	3	隸定楷變聲符變
1094	惘		罔	2	心		1	4	《說文》《玉篇》均無
1095	妄		亡	1	女		1	1	
1096	忘		亡	1	心 亡		2	1	義符表音
1097	朢				月 臣 壬		2	1	
1098	望		亡 王			月	4	3	簡體字
1099	危				产 卪		2	1	
1100	威				女 戌		2	1	
1101	微		敚	1	彳		1	1	
1102	為						5	3	簡體字
1103	為						5	3	隸定楷變
1104	韋		口				5	3	隸定楷變
1105	惟		隹	2	心		1	1	讀音改變

续表

编号	字符	字形	标音构件	表音程度	标义构件	记号构件	构形方式	构形理据	备注
1106	圍		韋	1	囗		1	1	
1107	違		韋	1	辵		1	1	
1108	尾				尸 毛		2	1	
1109	委					禾 女	5	3	義符變
1110	僞		為	1	人		1	1	
1111	痿		委	1	疒		1	1	
1112	未				木	一	3	1	隸定楷變標示
1113	位				人 立		2	1	
1114	胃				肉	田	3	3	3
1115	尉				寸	尸示	3	3	《說文》收尉，从𡰥；又持火，以尉申繒也。隸定楷變義符變。
1116	慰		尉	1	心		1	1	
1117	衛		韋	1	帀 行		1	1	
1118	謂		胃	1	言		1	1	
1119	魏		委	1		鬼	4	4	《說文》無。《玉篇》：魏，魚貴切。象魏闕也，大名也，高也。標示。
1120	溫		昷	1	水		1	1	
1121	文						5	3	隸定楷變
1122	聞		門	2	耳		1	1	
1123	問		门	2	口		1	1	簡體字
1124	問		門	2	口		1	1	
1125	我						5	3	隸定楷變

续表

编号	字符	字形	标音构件	表音程度	标义构件	记号构件	构形方式	构形理据	备 注
1126	烏						5	3	隸定楷變
1127	吳					口 天	5	3	隸定楷變義符變
1128	吾		五	1	口		1	1	
1129	無						5	3	
1130	五						5	3	
1131	午						5	3	
1132	伍		五	1	人		1	1	
1133	武				止 戈		2	1	
1134	勿						5	3	隸定楷變，字義改變。
1135	戊						5	3	隸定楷變
1136	物		勿	1	牛		1	1	
1137	務		敄	1	力		1	1	
1138	悟		吾	1	心		1	1	
1139	兮				丂	八	3	3	象形
1140	西						5	3	隸定楷變
1141	希				爻	巾	3	3	《說文》無。有稀。《玉篇》: 希，許衣切。摩也，散也。象形。
1142	息		自	2	心 自		2	1	
1143	悉	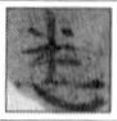			心 釆		2	1	
1144	稀		希	1	禾		1	1	
1145	溪		奚	1	水		1	1	《說文》無。《玉篇》：溪，口兮切。溪澗。
1146	熙		配	2	火		1	1	

编号	字符	字形	标音构件	表音程度	标义构件	记号构件	构形方式	构形理据	备 注
1147	檄				木	敫	3	1	讀音改變聲符變
1148	襲				衣	龍	3	3	聲符變
1149	枲		台	2	木		1	1	
1150	喜				壴 口		2	1	
1151	憙		喜	1	心 喜		2	4	《說文》《玉篇》均無
1152	卌						5	3	《玉篇》: 卌, 先入切。四十也。
1153	系		系	1	邑		1	4	
1154	細		糸	2		田	3	4	隸定楷變聲符變
1155	俠		夹	2	人		1	4	簡體字
1156	下						5	3	《說文》: 丅, 底也。指事。
1157	夏						5	3	字義改變
1158	仙		山	2	人		1	4	《說文》《玉篇》均無
1159	先				儿 之		2	1	
1160	暹				日 進		3	4	《說文》無。《玉篇》: 暹, 思廉切。進也, 長也。
1161	弦		玄	2	弓		1	1	
1162	咸		戌	2	口		1	4	字義改變
1163	賢		臤	2	貝		1	1	
1164	險		僉	2	阜		1	1	
1165	顯		㬎	1	頁		1	1	
1166	限				阜	艮	3	3	讀音改變聲符變
1167	陷		臽	1	阜 臽		1	1	義符表音

续表

编号	字符	字形	标音构件	表音程度	标义构件	记号构件	构形方式	构形理据	备注
1168	憲		害	2	心 目		1	2	省聲
1169	縣		県	1	系		3	4	字義改變
1170	相				木 目		2	1	
1171	香				禾	日	3	3	隸定楷變義符變
1172	鄉				邑	皀	3	3	《説文》：䢽，國離邑，民所封鄉也。嗇夫別治。封圻之内六鄉，六鄉治之。从䢼皀聲。《玉篇》：鄉，許良切。五黨名。亦作鄉。隸定楷變聲符變。
1173	湘		相	1	水		1	1	
1174	襄				衣	[illegible]	3	2	聲符變
1175	祥		羊	2	示		1	1	
1176	詳		羊	2	言		1	1	
1177	想		相	1	心		1	1	
1178	餉		向	1	食		1	1	
1179	向						5	3	字義改變
1180	象						5	3	隸定楷變
1181	像		象	1	人 象		2	1	義符表音
1182	削		肖	1	刀		1	1	
1183	消	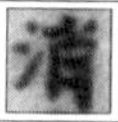	肖	1	水		1	1	
1184	小	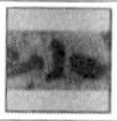					5	3	
1185	孝	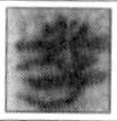			老 子		2	2	省形
1186	校		交	2	木		1	1	

续表

编号	字符	字形	标音构件	表音程度	标义构件	记号构件	构形方式	构形理据	备 注
1187	脅		劦	1	肉		1	1	肉作月
1188	偕		皆	2	人		1	1	
1189	絜		轫	2	糸		1	1	
1190	寫		舄	2	宀		1	1	
1191	泄	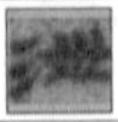	世	2	水		1	1	
1192	謝		射	2	言		1	4	隸定楷變
1193	心						5	3	隸定楷變
1194	辛					辛	5	3	隸定楷變
1195	欣		斤	2	欠		1	1	
1196	新		亲	2	斤		1	1	
1197	歆		音	2	欠		1	1	
1198	信				人 言		2	1	
1199	星		生	2	日		1	4	《說文》：曐，从晶生聲。
1200	興				舁 同		2	1	
1201	刑				刀	开	3	3	隸定楷變聲符變
1202	行				彳 亍		2	1	
1203	姓		生	2	女 生		2	1	義符表音
1204	幸					大 羊	5	3	《說文》作㚔，从屰从夭。幸作聲符字有，婞、緈。隸定楷變義符變。
1205	凶						5	3	隸定楷變
1206	兄				儿 口		3	3	

续表

编号	字符	字形	标音构件	表音程度	标义构件	记号构件	构形方式	构形理据	备注
1207	雄		厷	2	隹		1	1	
1208	休				人 木		2	1	
1209	休				人	朮	3	3	義符變
1210	脩		攸	2	肉		1	1	
1211	珛	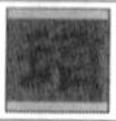	有	2	玉		1	1	讀音改變
1212	戌						5	3	
1213	虛		雨	2	丘		1	4	
1214	須				頁 彡		2	1	
1215	徐		余	2	彳		1	1	
1216	許		午	2	言		1	1	
1217	詡		羽	2	言		1	1	
1218	恤		血	2	心		1	1	
1219	畜				田	玄	3	3	義符變
1220	敘		余	2	又		1	1	
1221	緒				糸	者	3	3	讀音改變聲符變
1222	續	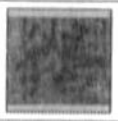			糸	賣	3	3	讀音改變聲符變
1223	宣		亘	1		宀	4	3	隸定楷變，字義改變義符變。
1224	玄						5	3	隸定楷變
1225	旋		㫃	2	㫃 疋		2	1	義符表音
1226	懸		縣	1	縣	心	3	4	今俗加心，别作懸，義無所取。義符變。
1227	薛				艸	𠂤 辛	1	4	《說文》作薛，从艸辥聲。聲符變。

编号	字符	字形	标音构件	表音程度	标义构件	记号构件	构形方式	构形理据	备注
1228	學				子臼 爻冖		2	4	《說文》作斅，从教从冂。
1229	血				皿	一	3	1	隸定楷變標示
1230	勳		熏	1	力		1	1	《說文》作勲，从力熏聲。
1231	巡		川	2	辵		1	1	讀音改變
1232	循		盾	2	彳		1	1	讀音改變
1233	訊		卂	1	言		1	1	
1234	訓		川	2	言		1	1	讀音改變
1235	焉					正与	5	3	隸定楷變象形
1236	煙		垔	2	火		1	1	
1237	延				廴	正	3	3	字義改變義符變
1238	言				口	亠	3	3	隸定楷變聲符變
1239	顔		彦	1	頁		1	1	
1240	奄				大申		2	1	隸定楷變
1241	衍	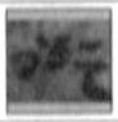			水行		2	1	
1242	偃		匽	1	人		1	1	
1243	彦		厂	2	彣		1	1	
1244	晏		安	2	日		1	1	
1245	厭		猒	1	广		4	3	字義改變
1246	鴈		雁	1	鳥		1	1	省聲
1247	燕						5	3	隸定楷變
1248	鞅		央	1	革		1	1	

续表

编号	字符	字形	标音构件	表音程度	标义构件	记号构件	构形方式	构形理据	备注
1249	羊	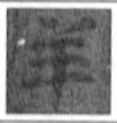					5	3	隸定楷變
1250	陽		昜	1	阜		1	1	
1251	揚				手	𠃓	1	1	簡體字
1252	楊		昜	1	木		1	1	
1253	養		羊	1	食		1	1	
1254	恙		羊	1	心		1	1	
1255	夭						5	3	隸定楷變
1256	要					西 女	5	3	隸定楷變義符變聲符變
1257	藥		樂	2	艸		1	1	
1258	耀				光	翟	3	4	《說文》《玉篇》作燿。聲符變。
1259	耶		耳	2	邑		1	4	《玉篇》：俗邪字。
1260	也						5	4	字義改變
1261	野		予	2	里		1	1	
1262	夜	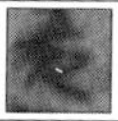	亦	2	夕		1	1	隸定楷變，省聲。
1263	掖		夜	1	手		1	1	
1264	業					業	5	3	隸定楷變象形
1265	謁	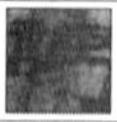	曷	2	言		1	1	
1266	一						5	1	
1267	衣						5	3	隸定楷變
1268	依		衣	1	人		1	1	
1269	揖		咠	2	手		1	1	

编号	字符	字形	标音构件	表音程度	标义构件	记号构件	构形方式	构形理据	备 注
1270	夷						5	3	隸定楷變
1271	宜				宀	且	3	3	隸定楷變義符變
1272	移				禾	多	3	3	讀音改變聲符變
1273	疑		矢	2		止 匕 厶	4	3	字義改變義符變
1274	儀		義	1	人		1	1	
1275	遺				辵	貴	3	3	隸定楷變聲符變
1276	頤		匠	1	頁		1	4	
1277	乙					乙	5	3	
1278	已					已	5	3	
1279	以						5	3	《説文》作㠯
1280	矣		以	2	矢		1	3	省聲
1281	顗		豈	2	頁		1	1	
1282	亦						5	3	隸定楷變
1283	邑				囗 卪		2	3	隸定楷變
1284	益				水 皿		2	1	
1285	異				共	田	3	3	隸定楷變義符變
1286	意				心 音		2	1	
1287	義					我 羊	5	3	義符變
1288	詣		旨	2	言		1	1	
1289	褶		習	2	衣		1	4	《説文》無。《玉篇》：褶，徒頰切。衣有表裏而無絮也。又似力切，袴褶也。

续表

编号	字符	字形	标音构件	表音程度	标义构件	记号构件	构形方式	构形理据	备 注
1290	誼		宜	1	言 宜		1	1	義符表音
1291	因					囗 大	5	3	歷史不清義符變
1292	音					立 日	5	3	隸定楷變義符變
1293	殷				㐆 殳		2	1	
1294	陰		侌	1	阜		1	1	
1295	吟		金	2	口		1	4	
1296	寅						5	3	隸定楷變
1297	銀		艮	2	金		1	1	讀音改變
1298	尹						5	3	隸定楷變
1299	引				弓 丨		2	1	
1300	飲				食 欠		2	4	《說文》作歠，从欠酓聲。
1301	印				爪 卩		2	1	
1302	嬰		賏	1	女		1	4	字義改變
1303	應		雁	1	心		1	1	
1304	迎		卬	2	辵		1	1	
1305	營		熒	1	宮		1	1	省聲
1306	庸		用	1	用	庚	3	2	義符表音義符變
1307	雝		邕	1	隹		1	1	
1308	永						5	3	隸定楷變
1309	勇		甬	1	力		1	1	
1310	用						5	3	隸定楷變

编号	字符	字形	标音构件	表音程度	标义构件	记号构件	构形方式	构形理据	备 注
1311	憂		㥑	1	夊		1	1	
1312	由						5	3	《說文》《玉篇》均無
1313	郵				邑 垂		2	1	隸定楷變
1314	游		汓	2	㫃		1	1	
1315	友		又		又		2	3	隸定楷變，義符表音。
1316	有		又		有		1	1	隸定楷變
1317	酉						5	3	隸定楷變
1318	羑		久	2	羊		1	1	
1319	又						5	3	隸定楷變
1320	右		又	1	又	口	3	3	隸定楷變義符變
1321	幼		幺	2	幺 力		2	1	義符表音
1322	侑		有	1	人		1	4	《玉篇》：侑，禹救切。《周禮》曰：王以樂侑食。侑，勸也。
1323	祐		右	1	示		1	1	
1324	予						5	3	隸定楷變
1325	於					於	5	3	《說文》無。《玉篇》：於，央閭切。居也。又倚乎切，歎辞也。[illegible]、[illegible]，並古文。象形。
1326	於						5	3	《說文》無。《玉篇》：於，央閭切。居也。又倚乎切，歎辞也。[illegible]、[illegible]，並古文。簡體字。
1327	臾						5	3	隸定楷變
1328	萸		臾	1	艸		1	1	
1329	魚						5	3	隸定楷變。簡體字。

续表

编号	字符	字形	标音构件	表音程度	标义构件	记号构件	构形方式	构形理据	备注
1330	榆		俞	1	木		1	1	
1331	餘		余	1	食		1	1	
1332	踰		俞	1	足		1	4	
1333	羽						5	3	隸定楷變
1334	雨	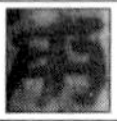					5	3	隸定楷變
1335	禹	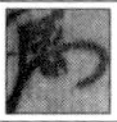					5	3	隸定楷變
1336	與		与	1	舁 与		2	1	義符表音
1337	語		吾	2	言		1	1	
1338	玉						5	3	隸定楷變
1339	育		肉	2	𠫓		1	1	隸定楷變
1340	菶		聿	1	艸		1	4	《說文》無
1341	域		或	1	土		1	4	《說文》無。《玉篇》：域，爲逼切。居也，封也。
1342	欲		谷	1	欠		1	1	谷表 yù 聲
1343	御				彳 卸		2	1	
1344	裕		谷	2			1	1	谷表 yù 聲
1345	愈		俞	1	人 心		1	4	《說文》無。《玉篇》：愈，余主切。差也。又勝也。
1346	獄				犾 言		2	1	
1347	淵				水	𣶒	3	3	隸定楷變象形
1348	元						5	3	
1349	爰				爰 于		2	1	
1350	麤		泉	2	泉 广		2	4	原為篆文。義符表聲。

续表

编号	字符	字形	标音构件	表音程度	标义构件	记号构件	构形方式	构形理据	备 注
1351	員		口	2	貝		1	1	字義改變
1352	袁		叀	2	衣		1	1	隸定楷變，省聲。
1353	黿		元	1	黽		1	1	
1354	緣		彖	1	糸		1	1	
1355	遠		袁	1	辵		1	1	
1356	掾		彖	1	手		1	1	
1357	願		原	1	頁		1	1	
1358	曰						5	3	隸定楷變
1359	約		勺	2	糸		1	1	
1360	月						5	3	隸定楷變
1361	悅		兌	2	心		1	4	《說文》無。《玉篇》：悅，余拙切。樂也。兌表yuè音。
1362	越		戉	1	走		1	1	
1363	云	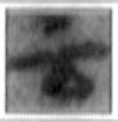					5	3	
1364	惲		軍	2	心		1	1	
1365	雜				衣	集	3	3	聲符變
1366	哉		𢦏	1	口		1	1	
1367	載		𢦏	1	車		1	1	
1368	再						5	2	
1369	在		才	2	土		1	1	
1370	贊				貝 兟		2	1	
1371	臧		戕	2	臣		1	1	

续表

编号	字符	字形	标音构件	表音程度	标义构件	记号构件	构形方式	构形理据	备 注
1372	早				日	十	3	3	隸定楷變標示
1373	造		告	2	辵		1	1	
1374	則				刀 貝		2	1	
1375	責				貝	𡗗	3	3	隸定楷變聲符變
1376	責				贝	𡗗	3	3	簡體字聲符變
1377	擇		睪		手		1	1	讀音改變，睪表 zé 聲。
1378	澤		睪		水		1	1	讀音改變，睪表 zé 聲。
1379	賊		則	1	戈		1	1	
1380	曾				曰		3	3	隸定楷變
1381	增		曾	1	土		1	1	
1382	札	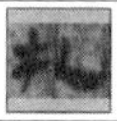			木	乙	3	3	聲符變
1383	苲		乍	1	艸		1	4	《說文》無。《玉篇》：苲，阻假切。草也。
1384	宅		乇	2	宀		1	1	
1385	旃		丹	2	㫃		1	1	
1386	瞻		詹	1	目		1	1	
1387	展		襄	1	尸		1	2	省聲
1388	樿		善	1	木		1	1	《說文》無。《玉篇》：樿，之善切。木瘤也。
1389	湛		甚	1	水		1	1	
1390	戰		單	2	戈		1	1	
1391	張		長	2	弓		1	1	
1392	張		长	2	弓		1	1	簡體字

编号	字符	字形	标音构件	表音程度	标义构件	记号构件	构形方式	构形理据	备注
1393	章				音 十		2	1	
1394	鄣		章	1	邑		1	1	
1395	掌		尚	2	手		1	1	
1396	丈						5	3	隸定楷變
1397	杖		丈	1	木		1	1	
1398	帳		長	2	巾		1	1	
1399	障		章	1	阜		1	1	
1400	昭		召	1	日		1	1	
1401	召		刀	2	口		1	1	
1402	詔		召	1	言 召		2	1	義符表音
1403	趙		肖	2	走		1	1	
1404	折				手 斤		2	4	《說文》無。《玉篇》：折，士列切。斷也。又之舌切。
1405	輒		耴	1	車		1	1	
1406	者						5	3	隸定楷變
1407	這					言 辵	5	3	字義改變
1408	珍		㐱	1	玉		1	1	
1409	貞				卜 貝		2	1	
1410	真					真	5	3	隸定楷變義符變
1411	征		正	1	彳		1	1	《說文》無。《玉篇》：征，之盈切。行也。《書》曰：南征北狄怨。
1412	烝		丞	2	火		1	1	

续表

编号	字符	字形	标音构件	表音程度	标义构件	记号构件	构形方式	构形理据	备 注
1413	徵		壬	2	微		1	1	省形
1414	正						5	3	隸定楷變
1415	政		正	1	正 攴		2	1	
1416	鄭				邑	奠	3	3	讀音改變聲符變
1417	證		登	2	言		1	1	
1418	之						5	3	隸定楷變
1419	支				十 又		5	3	字義改變
1420	知		矢	2	口		1	4	
1421	直						5	3	字義改變
1422	姪		至	1	女		1	1	
1423	值		直	1	人		1	1	《說文》無。《玉篇》：值，除利切。《詩》云：值其鷺羽。值，持也。
1424	執				丮 幸		2	1	
1425	止						5	3	隸定楷變
1426	旨		匕	2		日	4	3	隸定楷變義符變
1427	指		旨	1	手		1	1	
1428	至						5	3	隸定楷變
1429	志		士	2	心		1	1	《說文》無。《玉篇》：志，之吏切。意也，慕也。忠，古文。
1430	治		台	2	水		1	1	
1431	郅		至	1	邑		1	1	
1432	秩		失	2	禾		1	1	

编号	字符	字形	标音构件	表音程度	标义构件	记号构件	构形方式	构形理据	备 注
1433	致		至	1	夂		1	1	
1434	智		知	1	曰		1	4	《說文》收𥏼，識詞也。从钗从亏从知。《玉篇》無。
1435	置		直	1	网		1	4	
1436	質				貝 所		2	1	
1437	中				囗	丨	3	1	隸定楷變標示
1438	忠		中	1	心		1	1	
1439	種		重	1	禾		1	1	
1440	踵		重	1	足		1	1	
1441	仲		中	1	人 中		1	1	
1442	重		東	2			5	3	隸定楷變
1443	衆				乑 血		2	4	
1444	州						5	3	隸定楷變
1445	舟						5	3	隸定楷變
1446	周				用 口		2	1	
1447	胄		由	2	肉		1	1	
1448	晝				日	晝	3	2	標示
1449	朱				木	一	3	1	隸定楷變標示
1450	茱		朱	1	艸		1	1	
1451	珠		朱	1	玉		1	1	
1452	諸		者	2	言		1	1	
1453	逐				辵 豕		2	1	字義改變

续表

编号	字符	字形	标音构件	表音程度	标义构件	记号构件	构形方式	构形理据	备 注
1454	主						5	3	隸定楷變
1455	渚	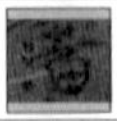	者	2	水		1	1	
1456	煮		者	2	火		1	1	
1457	屬		尸 禹	2	尸		1	4	
1458	住		主	1	人		1	4	《說文》無。《玉篇》：住，雉具、徵具二切。立也。
1459	柱		主	1	木		1	1	
1460	著		者	1		艸	5	3	《說文》無。《玉篇》：著，直閭切。味荎著。又中恕、馳略、知略三切。簡體字義符變。
1461	爪	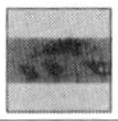					5	3	
1462	専		叀	1	寸		1	1	
1463	縛		専	1	糸		1	1	讀音改變
1464	隹						5	3	隸定楷變
1465	追		𠂤	2	辵		1	1	
1466	椎		隹	1	木		1	1	
1467	肫		屯	2	肉		1	1	
1468	准		隹	2	仌		1	4	《說文》：準，从水隼聲。
1469	孜		子	1	支		1	1	
1470	兹						5	3	字義改變
1471	粢		次	1	米		1	4	《說文》無。《玉篇》：粢，在兹切。稻餅。又音咨，稷米也。
1472	貲		此	1	貝		1	1	

编号	字符	字形	标音构件	表音程度	标义构件	记号构件	构形方式	构形理据	备 注
1473	資		次	2	貝		1	1	
1474	子						5	3	隸定楷變
1475	字		子	1	宀		4	3	字義改變
1476	自						5	3	隸定楷變
1477	宗				宀 示		2	1	
1478	走		止	2	土		4	3	隸定楷變
1479	奏	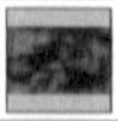				𡗗 夭	5	3	隸定楷變構件黏合義符變
1480	租		且	2	禾		1	1	
1481	足		止	2	止 口		2	1	義符表音
1482	卒						5	3	隸定楷變
1483	阻		且	2	阜		1	1	
1484	祖		且	2	示		1	1	
1485	組		且	2	糸		1	1	
1486	罪				网 非		2	1	
1487	尊				酋 寸		2	4	《說文》作𢍜
1488	左				𠂇		5	3	
1489	佐		左	1	人		1	1	《說文》無。《玉篇》：佐，子賀切。助也。《周禮》曰：以佐王均邦國。
1490	作		乍	2	人 乍		2	1	
1491	坐				土 畱		2	2	省形
1492	祚		乍	2	示		1	1	

参考文献

（一）著作

北京吴简研讨班，《吴简研究》，武汉：崇文书局，2004年
陈梦家，《汉简缀述》，北京：中华书局，1980年
陈淑梅，《东汉碑隶构形系统研究》，上海：上海教育出版社，2005年
方传鑫，《隶书十讲》，上海：上海书画出版社，2003年
甘肃省文物考古研究所，《敦煌汉简》，北京：中华书局，1991年
甘肃省文物考古研究所，《秦汉简牍论文集》，兰州：甘肃人民出版社，1989年
高　明，《中国古文字学通论》，北京：北京大学出版社，1996年
侯　灿，《魏晋简书风》，重庆：重庆出版社，2000
蒋善国，《文字学》，上海：上海教育出版社，1987年
黎　泉，《简牍书法》，上海：上海书画出版社，1985年
李国英，《小篆形声字研究》，北京：北京师范大学出版社，1996年
李均明、刘军，《简牍文书学》，南宁：广西教育出版社，1998年
李乐毅，《简化字源》，北京：华语教学出版社，1991年
李　零，《简帛古书与学术源流》，北京：生活·读书·新知三联书店，2004年
李宇明，《汉字规范百家谈》，北京：商务印书馆，2004年
李运富，《楚国简帛文字构形系统研究》，长沙：岳麓书社，1997年
梁东汉，《汉字的结构及其流变》，上海：上海教育出版社，1959年
林梅村，《楼兰尼雅出土文书》，北京：文物出版社，1985年
刘延玲，《魏晋行书构形研究》，上海：上海教育出版社，2004年
刘志基，《汉字体态论》，南宁：广西教育出版社，2000年
孟凡人，《楼兰鄯善简牍年代学研究》，乌鲁木齐：新疆人民出版社，1995年
孟凡人，《楼兰新史》，北京：光明日报出版社，1990年

欧昌俊、李海霞，《六朝唐五代石刻俗字研究》，成都：巴蜀书社，2004年
欧昌俊、李海霞，《六朝唐五代石刻俗字研究》，成都：巴蜀书社，2004年
潘吉星，《中国造纸技术史稿》，北京：文物出版社，1979年

启　功，《古代字体论稿》，北京：文物出版社，1999年

钱存训，《印刷发明前的中国书和文字记录》，北京：印刷工业出版社，1988年

裘锡圭，《文字学概要》，北京：商务印书馆，1990年

上海书画出版社、华东师范大学古籍整理研究室选编、校点，《历代书法论文选》，上海：上海书画出版社，1979年

苏培成，《现代汉字学纲要》，北京：北京大学出版社，2001年

苏培成选编，《现代汉字学参考数据》，北京：北京大学出版社，2001年

唐　兰，《中国文字学》，上海：上海古籍出版社，2001年

王凤阳，《汉字学》，长春：吉林文史出版社，1989年

王贵元，《马王堆帛书汉字构形系统研究》，南宁：广西教育出版社，1999年

王国维，《观堂集林》，北京：中华书局，1959年

王立军，《宋代雕版楷书构形系统研究》，上海：上海教育出版社，2003年

王　宁，《汉字构形学讲座》，上海：上海教育出版社，2002年

殷焕先，《汉字三论》，济南：齐鲁书社，1981年

张金玉、夏中华，《汉字学概论》，南宁：广西教育出版社，2001年

张其昀，《汉字学基础》，北京：中国社会科学出版社，2005年

张书岩编，《异体字研究》，北京：商务印书馆，2004年

张显成，《简帛文献学通论》，北京：中华书局，2004年

章　琼，《现代汉语通用字对应异体字整理》，成都：巴蜀书社，2004年

赵　超，《简牍帛书发现与研究》，福州：福建人民出版社，2005年

赵平安，《隶变研究》，保定：河北大学出版社，1993年

郑有国，《中国简牍学综论》，上海：华东师范大学出版社，1989年

周祖谟，《文字音韵训诂论集》，北京：北京大学出版社，2000年

（二）论文

卜师夏，《论形声字形符系统的产生》，《北华大学学报·社会科学版》，2002年3月

陈先枢，《长沙走马楼吴简的文献价值》，《求索》，1999年第2期

陈治元，《八分隶书楷书关系辨正》，《青海师专学报·社会科学》，2000年第4期

陈治元，《八分隶书楷书关系辨证》，《青海师专学报（社会科学）》，2000年第4期

丁秀菊，《论汉字的构形理据及其演变》，《山东大学学报》（哲社版），2005年第3期

范祥雍，《略论古代竹木简书的书法》，《书法研究》，1980年第三辑

郭沫若，《古代文字之辨证的发展》，《现代书法论文集》，1980年

韩　伟，《汉字构件及其功能研究》，《西南民族大学学报》（人文社科版），2003年第8期

韩　伟，《试论汉字字体演变及其研究》，《黄河科技大学学报》，2002年9月

韩秀娟，《汉字部件与现代汉字部件规范》，《中国文字研究》，2004年第五辑

洪　娟，《从走马楼吴简再辨钟繇书艺》，《第五届中国书法史论国际研讨会论文集》，北京：文物出版社，2002年

洪　娟，《吴简嘉禾吏民田家　书体举隅》，长沙三国吴简暨百年来简帛发现与研究国际学术研讨会论文，2001年8月16~19日

侯　灿，《楼兰发现·遗存·汉文简纸文书研究综述》，《楼兰汉文简纸文书集成》（一），1999年

侯　灿，《论楼兰城的发展及衰废》，《中国社会科学》，1984年第1期

胡平生，《木简券书破别形式述略》，《简牍学研究》第二辑，兰州：甘肃人民出版社，1998年，42~50页

黄德宽，《论形声结构的组合关系、特点和性质》，《安徽大学学报·哲学社会科学版》，1997年第3期
黄德宽、常森，《汉字形义关系的疏离与弥合》，《现代汉字》，1994年第12期
李恩江，《书写材料对汉字形体、结构的影响》，《古汉语研究》，1991年第1期
李　瑛，《论隶楷汉字的构字方法——新六书》，《内蒙古师范大学学报·哲学社会科学版》，2002年2月
刘延玲，《近五十年来异体字研究与整理状况综述 上》，《辞书研究》，2001年第5期
刘延玲，《近五十年来异体字研究与整理状况综述 下》，《辞书研究》，2001年第6期
吕　浩，《论形声字意义的来源》，《语言研究》2002年特刊
吕永进，《书法与汉字异体字的形成》，《营口师专学报》，1995年第2期
孟云飞，《两晋书法研究》，首都师范大学2004年博士论文
启　功，《从河南碑刻谈古代时刻书法艺术》，《启功丛稿·论文卷》，北京：中华书局，1999年
秦永龙、李洪智，《隶变过程中的歧异与优化选择》，《民俗典籍文字研究》，商务印书馆，2003年第一辑
任　平，《隶书阶段形声字声符的各种变化》，《杭州师范学院学报》，1994年9月
沙孟海，《两晋南北朝书迹的写体与刻体》，书谱，1987年第4期
王立军，《汉字形体变异与构形理据的相互影响》，《语言研究》，2004年9月
王刘纯，《简化字出现的年代与汉字发生嬗变的关系》，《河南大学学报·社会科学版》，1996年9月
王　宁，《汉字的优化与简化》，《中国社会科学》，1991年第1期
王　宁，《汉字构形理据与现代汉字构件拆分》，《语文建设》，1997年第3期

王　宁，《汉字字体研究的新突破——重读启功先生的〈古代字体论稿〉》，《三峡大学学报·人文社会科学版》，2001年5月
王　宁，《系统论与汉字构形学的创建》，《暨南学报》2000年第2期
王　平，《〈说文〉重文研究》，华东师范大学2003年博士学位论文
项　菊，《3500常用字中声旁的表音功能》，《黄冈师专学报》，1995年5月
谢桂华，《中国出土魏晋以后汉文简纸文书概述》，《简帛研究》，桂林：广西师范大学出版社，2001年，523~529页
臧克和，《谈结构》，《中文自学指导》，2006年第1期
臧克和，《字符·结构》，《中国文字研究》第四辑，2003年
臧克和，《字符与分类》，《天津师范大学学报·社会科学版》，2003年第3期
曾宪通，《秦至汉初简帛篆隶的整理和研究》，2001年上海“古文字信息化”国际研讨会发言
周平、夏时，《论简帛书发展的内在原因及其载体的文化意义》，《湘潭工学院学报·社会科学版》，2002年6月
庄义友，《汉字的造字理据与字形构造模式》，《韶关学院学报》（社科版），2001年第7期

三、工具书

《长沙走马楼三国吴简·嘉禾吏民田家莂》，走马楼简牍整理组，北京：文物出版社，1999年
《长沙走马楼三国吴简·竹简》[贰]，走马楼简牍整理组，北京：文物出版社，2007年
《长沙走马楼三国吴简·竹简》[壹]，走马楼简牍整理组，北京：文物出版社，2003年
《大广益会玉篇》，[梁]顾野王，北京：中华书局，1987年
《敦煌俗字典》，黄征，上海：上海教育出版社，2005年

《汉晋西陲木简汇编》，张凤，上海：上海有正书局，1931年
《简牍帛书字典》，陈建贡、徐敏，上海：上海书画出版社，1981年
《隶篇》，[清]翟云升，北京：中华书局，1985年
《隶韵》，[宋]刘球，北京：中华书局，1989年
《流沙坠简》，罗振玉、王国维，北京：中华书局，1993年
《楼兰汉文简纸文书集成》，侯灿、杨代欣，成都：天地出版社，1999年
《散见简牍合辑》，李均明、何双全，北京：文物出版社，1990年
《说文解字新订》，臧克和、王平校订，北京：中华书局，2002年
《斯坦因第三次中亚探险所获甘肃新疆出土汉文文书——未经马斯伯乐刊布部分》，郭锋，兰州：甘肃人民出版社，1993年
《斯文海定楼兰所获缣素简牍遗文抄》，《国立北平图书馆馆刊》，第五卷，第四号，北京：书目出版社，1931年
《同源字典》，王力，北京：商务印书馆，1982年
《原本玉篇残卷》，[梁]顾野王，北京：中华书局，1985年
《中国简牍集成》，中国简牍集成编委会，兰州：敦煌文艺出版社，2003年
《篆隶万象名义》，[日]释空海编，北京：中华书局，1995年
《字通》，[宋]李从周，《四库全书·经部十·小学类二》，上海古籍出版社影印，1987年

图书在版编目（CIP）数据

魏晋南北朝简牍文字研究 / 郑婕著. -- 上海 :
同济大学出版社, 2020.10
ISBN 978-7-5608-9015-9

Ⅰ. ①魏… Ⅱ. ①郑… Ⅲ. ①竹简文—研究—中国—
魏晋南北朝时代 Ⅳ. ①K877.54

中国版本图书馆CIP数据核字(2020)第016313号

魏晋南北朝简牍文字研究
郑 婕 著

责任编辑 张 翠 责任校对 徐春莲 装帧设计 张 微 陶春晨

出版发行 同济大学出版社 www.tongjipress.com.cn
地 址 上海市四平路1239号 邮编 200092 电话 021-65985622
经 销 全国新华书店
印 刷 常熟市华顺印刷有限公司
开 本 710mm×1000mm 1/16
印 张 16
字 数 320000
版 次 2020年10月第1版 2020年10月第1次印刷
书 号 ISBN 978-7-5608-9015-9
定 价 78.00元